HIJAS DE LA HISTORIA 2

ISABEL REVUELTA POO

HIJAS DE LA HISTORIA 2

LAS MUJERES QUE CONSTRUYERON A MÉXICO

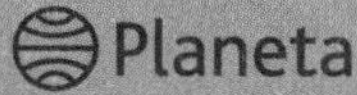

Diseño de interiores: Guadalupe M. González Ruíz
Formación: Alejandra Romero
Ilustraciones de interiores: Marisol Rivera Morales
Diseño de portada: Planeta Arte & Diseño / Erik Pérez Carcaño
Ilustración de portada: © Getty Images
Fotografía de la autora: © Blanca Charolet

Bajo el sello editorial PLANETA M.R.
Avenida Presidente Masaryk núm. 111,
Piso 2, Polanco V Sección, Miguel Hidalgo
C.P. 11560, Ciudad de México
www.planetadelibros.com.mx

Primera edición impresa en México: noviembre de 2025
ISBN: 978-607-39-1837-4

Impreso en los talleres de Litográfica Ingramex, S.A. de C.V.
Centeno núm. 162-1, colonia Granjas Esmeralda, Ciudad de México
Impreso y hecho en México – *Printed and made in Mexico*

◇◆◇

A las tres luminosas estrellas
de mi vida, con adoración
e infinito agradecimiento,
por no abandonarme nunca,
aunque yo misma lo intentara:

a Gabriel,
mi compañero de vida y eterno amor;

◇◆◇

a mi hija Isa,
por tu reservada dulzura y fuerza.

◇◆◇

A mi hijo Gabo,
por tu ciega fe en mí;

◇◆◇

Este libro es tan suyo como mío.

◇◆◇

Algunas mujeres fueron protagonistas de la historia que se estaba escribiendo; otras atestiguaron los acontecimientos que le dieron forma a la nación mexicana, algunas más entendieron el momento, las circunstancias y la época que les tocó vivir. Isabel Revuelta Poo reúne en este libro la vida de ocho mujeres y a través de ellas cuenta la historia de México. Su obra es un acercamiento crítico, despojado de los mitos y las malinterpretaciones que han impedido conocer con claridad la historia de la mujer mexicana. Con una minuciosa investigación, Isabel conspira para entregar a los lectores una visión de la historia femenina que no es complaciente y sí muy reveladora.

ALEJANDRO ROSAS

ÍNDICE

Introducción

Nosotras, las sin pasado, las mujeres...
Nosotras, que no tenemos historia.

FRANÇOISE D'EAUBONNE

Yo me aventuraría a pensar que «anónimo»
fue a menudo una mujer.

VIRGINIA WOOLF

Otorgar visibilidad a las mujeres como actores sociales supone
transformar los cánones de valoración de los hechos históricos.

GABRIELA CANO

Escribir este segundo volumen de *Hijas de la historia* sin duda fue una decisión difícil. El primer volumen me parece redondo en cuanto al periodo histórico abordado. Es decir, los quinientos años desde la llegada de los españoles a costas del continente en 1519 casi hasta nuestros días. Las vidas de esas diez mujeres durante casi cinco siglos fueron el hilo con que se bordó el telón de fondo que es nuestra Historia: ese relato, esa historia compartida entre mujeres y hombres que hemos tejido juntos desde entonces y que, aunque parezca necio señalarlo, es un camino que también hemos trazado certeras las mujeres.

Pero dicho telón de fondo dista mucho en registrar la permanente participación de las mujeres en su construcción. De ahí la inquietud por ampliar el espacio histórico y temporal con más perfiles femeninos que ilustren mejor esa Historia de la que estamos hechos los mexicanos. Al visibilizar más biografías de mujeres, conocemos más de nosotros mismos. Nos comprendemos de una mejor manera. Por ello resulta imprescindible ahondar más en su determinación y protagonismo durante distintos procesos históricos de nuestra nación. Es la fórmula infalible, el antídoto, para comprender mejor el presente y vislumbrar más claramente el futuro. Dotarnos de una identidad colectiva. En este nuevo episodio de las *Hijas de la historia,* las biografías narran esas hazañas desde el periodo Clásico maya del siglo VII hasta la vertiginosa Ciudad de México, de la primera década del siglo XXI.

La historiadora francesa Maryléne Patou-Mathis denuncia la deuda que la pluma de la historiografía mantiene ancestralmente con el quehacer femenino: «El hombre prehistórico es también una mujer». Saldé en esta nueva entrega un poco de esa deuda, al iluminar con más detalle el trepidante camino andado y compartido por tantas otras mujeres. En un registro de México más profundo, más completo, a través de las *Hijas de la historia.*

ISABEL REVUELTA POO

CIUDAD DE MÉXICO, SEPTIEMBRE DE 2025

Época
prehispánica

La Reina Roja maya, gran Señora de Palenque: Ix Tz'ak-b'u Ajaw

Señora gobernante de las generaciones

(Ux Te' K'uh, Sierra Norte, c. 613 - Lakamha'-Palenque, actual estado de Chiapas, 13 de noviembre de 672)

En el romance de la historia del mundo,
jamás me impresionó nada más fuertemente que esta,
en un tiempo grande y hermosa ciudad,
trastornada, desolada y perdida;
descubierta por casualidad, cubierta de árboles...
y sin siquiera un nombre para designarla.
Aparte de todo lo demás, ella [Palenque]
es un doliente testigo de las mudanzas del mundo.

JOHN LLOYD STEPHENS, 1840

Nuestro presente histórico es como un flujo alimentado
por diversas corrientes que, próximas o remotas,
integran y dan cuenta de la compleja realidad que es México.
Cada una de las grandes etapas de este devenir
que pervive en nosotros; por más lejanas que parezcan,
no dejan de proyectarnos su sombra.

ALFREDO LÓPEZ AUSTIN Y LEONARDO LÓPEZ LUJÁN, 2014

La conocimos primero por su sepulcro en Palenque, por la deslumbrante máscara funeraria de verde jade que contrastaba con sus restos de color rojo vibrante y con el interior de la también granate sepultura. *Reina* la llamaron porque solo a una soberana la habrían enterrado con tal majestuosidad. *Roja,* la nombraron porque la osamenta estaba cubierta por completo por una densa capa de polvo rojo intenso y venenoso: el cinabrio. Un mineral compuesto por azufre y mercurio, que los mayas utilizaban en rituales mortuorios para conservar los restos de personajes importantes. Gruesas capas de cinabrio le habían untado a la Reina Roja al momento de su muerte. Envuelta en más de un milenio de silencio y misterio, se dejó ver *dormida* en su sarcófago, bajo toneladas de piedra y losas labradas con sagradas inscripciones.

Su hallazgo conmocionó al mundo, ¿quién había sido aquella misteriosa Reina Roja enterrada sin ningún tipo de inscripción alusiva a su identidad, pero en un sarcófago muy parecido al de Pakal II, el Grande, el más importante gobernante maya de todos los tiempos? Todo aquel que se encontraba trabajando en el sitio arqueológico de Chiapas comenzó a preguntarse quién era el misterioso personaje. Lo que se supo de inmediato por el esqueleto encontrado es que se trataba de una mujer de edad madura, y que alguien sepultado así solo podía pertenecer al más alto linaje de la nobleza palencana.

Comenzó así la increíble búsqueda de su identidad. Mediante cientos de investigaciones científicas, epigráficas e históricas, expertos rastrearon afanosos las pistas para hallar el rostro de esta gran Señora de Palenque; de esa noble mujer de quien acababan de emerger, de entre las entrañas de la selva chiapaneca, ofrenda, sepultura y huesos. Renacía así al mundo de los vivos un inmortal personaje de carne y *huesos*. Nacía la Reina Roja de Palenque, centurias después de su muerte.

El impresionante ajuar de la soberana incluía una bellísima máscara color verde esmeralda de malaquita y un suntuoso tocado. Además, lo completaban las joyas una diadema, un collar, un pectoral, una concha y una figurilla humana; un total de más de 1140 piezas de jade, malaquita y concha, todas ellas cubiertas del rojo mineral. El monumental sepulcro de la reina en la esplendorosa Lakamha' (hoy, Palenque) se encontró dentro del Templo XIII, junto al magno Templo de las Inscripciones donde está la tumba de Pakal II. Este edificio, el más importante de esta antigua ciudad (reconocida como Patrimonio Cultural de la Humanidad por la Unesco), se erige en medio de la espesa selva de Chiapas, y fue llamado así por los numerosos glifos que decoran gran parte de su estructura. El hecho de que ambos sepulcros se encontraran tan cerca uno del otro era ya una enorme pista para revelar la identidad y el linaje de la Reina Roja.

Encontrar su entierro se trató de uno de los hallazgos arqueológicos más asombrosos de la historia del mundo. De la misma magnitud y trascendencia que los descubrimientos de la Piedra de Rosetta, por las tropas napoleónicas en 1799, y de la celebérrima tumba de Tutankamón, por el arqueólogo inglés Howard Carter en 1922. Estos no solo contribuyeron a descifrar los misteriosos jeroglíficos egipcios, sino que nos permitieron entender, al verlos literalmente cara a

cara, vidas y culturas del pasado. De la misma forma sucedió con el encuentro de la Reina Roja: su descubrimiento reveló no solo misterios de la escritura maya, sino el rostro mismo de su ancestral cultura.

El arqueólogo mexicano Eduardo Matos Moctezuma sintetiza la relevancia de estos hallazgos «por la urgencia en pro del conocimiento de la historia de la humanidad [...] en un viaje que nos remonta varios siglos atrás en esa máquina moderna que es la arqueología; con la que vemos los rostros que fueron y que nos ven, con ojos pétreos, a través del tiempo mismo».

Por eso, la vida de la Reina Roja se debe contar de adelante hacia atrás, del final al principio. Desde el día en que sus restos emanaron a nuestra época inmortales y teñidos de rojo hasta los días de su vida terrenal, hace más de mil trescientos años.

Lo que solo pudieron confirmar sus huesos. El hallazgo y la investigación

Más de mil trescientos años de silencio sepulcral transcurrieron hasta que la tumba de la Reina Roja fue descubierta por otra mujer que tenía escrito en su destino juntar sus nombres para siempre en nuestra Historia. Ocurrió la mañana del 11 de abril de 1994. Resulta trepidante pensar que la soberana maya la hubiera «esperado» esos trece siglos para contarle, desde las entrañas de la tierra, la historia que le tocó vivir en esa exuberante selva chiapaneca. Esa vida transcurrida en un mundo milenario que, aunque muy lejano, es también el nuestro.

Fanny López Jiménez, la joven directora de veintisiete años del equipo de excavación del Proyecto Arqueológico Palenque del Instituto Nacional de Antropología e Historia (INAH), encontró los indicios de un estrecho pasillo que conducía a la tumba de la misteriosa «reina», cuya verdadera identidad tardaría casi veinte años en revelarse. Aquel día, Fanny caminaba deprisa desde el Templo de la Calavera, donde acababan de descubrir una tumba llena de jades, para avisarle a su jefe Arnoldo González Cruz de tal hallazgo. Al pasar por la Plaza Central casi corriendo, la arqueóloga vio a su derecha, casi de reojo, el Templo XIII; esa construcción que, aun semienterrada entre escombros y la espesura de la selva, limpiaban y despejaban bajo su dirección. El destino movió sus hilos y la fortuita cita entre las dos mujeres tuvo lugar. La realidad superaría a la ficción: a pesar de haber visto el templo cientos, miles de veces, creyó ver una puerta en una de sus caras, oculta entre la maleza.

Fanny le narró a la destacada periodista Adriana Malvido, quien cubría la increíble noticia en el sitio arqueológico esos días, que su primera impresión fue detenerse a respirar. «¿Será mi imaginación? Acabo de hallar una tumba llena de jades en una pirámide y ahora descubro una puerta en esta otra», pensó. Malvido, por su parte, en su maravilloso libro *La noche de la Reina Roja*, escribió cautivada sobre el encuentro:

> Si las escalinatas del Templo XIII no se hubieran derrumbado, ella no hubiera visto nunca aquella puerta que la conduciría al más grande descubrimiento de Palenque en medio siglo. No sabe que la Reina ya la espera. Fanny se acerca. [...] El edificio, que se encuentra a unos metros del Templo de las Inscripciones, que ha abierto sus fauces y quiere hablar. [...] Lo que ve es una puerta secreta, sí, ya no hay duda, a unos 2.80 metros del nivel de la plaza. Sospecha que se trata de una rendija al pasado maya. Se acerca más y explora lo que sus ojos no le engañan en mostrarle. Así da con un estrecho pasillo que conduce a una típica crujía de arquitectura clásica maya en el interior del templo.

Dos meses después del hallazgo, ese verano de 1994, el equipo de arqueólogos, encabezado por González Cruz logró ingresar a la cámara funeraria completamente a oscuras. Tras llevarse a cabo los respectivos trabajos del INAH para registrar y preservar cada centímetro del

descubrimiento, el 1 de junio, envuelto en más de un milenio de reposo, se abriría el sarcófago de piedra caliza. Para ello se diseñó una estructura de metal y madera que elevaría la cubierta sin dañarla. Pero el artefacto necesitaba gatos hidráulicos, así que varios arqueólogos se aprestaron para buscar los de sus propios autos.

En la madrugada de ese célebre día, poco antes del amanecer, la arcaica tapa cedió. Tras unos segundos, Fanny y los demás miembros del equipo, estupefactos, posaron sus ojos sobre esa mujer milenaria, anónima y misteriosa que «dormía» en su sarcófago rojo: «¡Está llena de jade! ¡Es el alucine, del alucine, del alucine!», exclamó emocionado González Cruz cuando vio la máscara verde mirarlo a través de los siglos, a través del psicoducto, un pequeño orificio circular que construían los mayas para que el espíritu dejara el cuerpo y viajara al inframundo.

Conocer la existencia de la Reina Roja no fue el único secreto develado en Palenque en tiempos recientes. Cuarenta y dos años antes, en 1952, el mítico arqueólogo mexicano Alberto Ruz Lhuillier —cuyas cenizas reposan en este sitio— encontró la tumba del rey Pakal, el Grande, K'inich Janaab' Pakal II: el más destacado soberano palencano, quien gobernó del año 615 al 683 y que emanó también de entre las piedras, cubierto de cinabrio, en el majestuoso Templo de las Inscripciones. Tanto los palacios como ambos monumentos funerarios donde reposaban Pakal II y la Reina Roja fueron construidos en el siglo VII con asombrosa belleza y extraordinaria semejanza; edificados significativamente, casi pared con pared.

¿Quién era la misteriosa mujer de la alta teocracia maya? ¿Alguna de las tres notables mujeres de la nobleza palencana, conocidas hasta ese momento: Yohl Ik'nal, Sak K'uk' o Ix Tz'ak-b'u Ajaw?

La incógnita era inmensa. ¿Quién era aquella dama sepultada con tal grandeza al lado del más notable de los reyes de Palenque? ¿Una monarca al igual que Pakal II? ¿Su madre? ¿Quizá su bisabuela? ¿Su hija? ¿Su esposa?

Una verdadera búsqueda detectivesca fue llevada a cabo por decenas de historiadores, arqueólogos, bioarqueólogos, químicos y antropólogos físicos durante veinte años para revelar al mundo la identidad de la misteriosa Reina Roja. En 2013, la ciencia forense develó, por fin, el gran misterio de su filiación con Pakal II. Tomaron muestras de los huesos de ambos para analizarlos. El resultado fue contundente: el ADN no coincidió. Los lazos que los unían no eran de sangre.

Si no era su hija ni su madre ni su abuela, ¿sería entonces su esposa? Para resolver este fascinante rompecabezas, su osamenta y su extraordinario ajuar fueron piezas fundamentales, así como el hecho de que la señora palencana no viajó sola al inframundo maya. La acompañaron en la transición al Xibalbá una mujer y un niño sacrificados *in situ* durante su entierro. Este acompañamiento estaba estrictamente reservado para las personas con más alta jerarquía en la sociedad maya. Los restos de sus acompañantes se encontraron vigilantes a los costados del sarcófago real. A la mujer, de aproximadamente cuarenta años de edad, la habían partido en dos desde la cintura hasta el pecho para extraer su latente corazón. Sus brazos y piernas también habían sido fuertemente golpeados para garantizar que sangraran de forma abundante. El niño, de entre seis y nueve años, fue degollado y decapitado. A raudales debía emanar la sangre de ambos para purificar el sagrado ritual mortuorio de esta mujer de la nobleza, lo cual garantizaría, según la cosmovisión maya, el ciclo de la vida.

Para los mayas, la religión era el centro de todos los ámbitos de la existencia. Esta sagrada cosmovisión, detallada en el *Popol Vuh*, libro fundacional de su pueblo, señala que, cuando los reyes morían, comenzaban su viaje al inframundo, tal como lo hacía el dios del maíz, Yum K'aax. La deidad descendía a las profundidades de Xibalbá para pelear con los dioses de la muerte, vencerlos y renacer a la vida nuevamente. Por ello se encontró una figurilla de Yum Káax hecha de estuco (mezcla muy utilizada de cal, arena y agua) en la cámara funeraria de la Reina

Roja y otra que representaba a esta última. El que ambas figuras se encontraran juntas simbolizaba su unión y el camino que emprendieron ligados por toda la eternidad.

Las joyas y los sacrificios eran ofrendas necesarias para transitar a ese otro mundo. Las máscaras de jade, con los ojos de concha y el iris de obsidiana, colocadas sobre la cara del difunto gobernante o *ajaw*, tenían como objetivo preservar fielmente los rasgos de su rostro y lograr el anhelado renacimiento. Por miles de años en sus silentes tumbas, Pakal II y la Reina Roja portaron esas máscaras mortuorias hechas de cientos de preciosas piedras de jade. Tras la meticulosa reconstrucción de la suya, la Reina Roja de Palenque mostró su cara al mundo: era Ix Tz'ak-b'u Ajaw (gran señora gobernante de las generaciones), quien llegó siendo una niña a Palenque para cambiar el destino de una dinastía y la historia misma de la cultura maya. Esa niña, con los años, habría de convertirse en la esposa de Pakal II.

La férrea teocracia que regía la vida y la muerte de todos los habitantes de la deslumbrante Lakamha' no escatimó en los funerales de sus gobernantes. La magnitud del entierro de la Reina Roja daba cuenta de que se trataba, efectivamente, de un personaje de la más alta nobleza. Así, la Reina Roja tendría que haber estado al nivel de Pakal II, haber sido su esposa y gobernar, junto a él, el gran Imperio maya.

Expertas excavaciones de ambos templos revelaron también que las exequias de la Reina Roja se celebraron tan solo once años antes que las de Pakal II, enterrado tras su muerte, el 28 de agosto de 683. Como correspondía a la alta nobleza a la que pertenecían, el gran rey palencano tampoco fue enterrado en solitario, la sangre derramada, que bañó de buenos augurios su camino a Xibalbá, perteneció a seis de sus súbditos. Durante la búsqueda de la identidad de la Reina Roja, resultó muy determinante el hecho de que ambas pirámides se construyeron por instrucción y mandato del visionario gobernante. Al respecto, el investigador Luis Barbeytia señala:

Animado por un profundo conocimiento de sus tradiciones y de la historia de su gente, Pakal II engrandeció su ciudad como ningún otro monarca de Palenque, al tiempo que dejaba constancia de la magnificencia de su estirpe en inscripciones y monumentos de una belleza excepcional, proyectando para siempre hacia el futuro, la grandeza de la nación maya.

Palenque-Lakamha', la joya refulgente de los ancestrales mayas

Como mencioné anteriormente, en aquel lejano mundo, Palenque se llamaba Lakamha', que significa «lugar de las grandes aguas». Diversas corrientes de agua atravesaban la gran urbe mediante canales interiores que garantizaban su supervivencia. Estaba enclavada soberbiamente al pie de las altas y verdes montañas que integran la Sierra Norte, en medio de la jungla tropical, justo de frente a la gran área costera al Golfo de México, en los actuales estados de Tabasco y Chiapas. Exuberantes sabinos, cedros, chicozapotes, ficus, guanacastes, helechos y orquídeas daban refugio a jaguares, ocelotes, tapires, monos aulladores, monos araña, osos hormigueros, iguanas, serpientes, loros, tucanes, mariposas y quetzales, entre cientos de otras especies de enorme riqueza y biodiversidad.

La primera fecha que se tiene de su registro en el tiempo es el 30 de marzo de 397 d. C., año en que los glifos de sus paredes indican que nació K'uk' Ba'ahlam, el histórico fundador de la dinastía palencana. La última fecha en que fue habitada (así de precisas son sus inscripciones) se sitúa el 13 de noviembre de 799, año del declive total de la ciudad, cuando comenzó a ser engullida por la selva, tras quedar desierta. Fue bajo el reinado de Pakal II, quien estaba destinado a ser el más grande monarca palencano y, siendo esposo de Ix Tz'ak-b'u Ajaw, que la ciudad alcanzó su inigualable belleza y su máxima población y plenitud.

Alrededor del año 600, a mediados del llamado periodo Clásico mesoamericano (205-900), Lakamha' ya era uno de los más grandes asentamientos humanos de la cultura maya, con una extensión de 210 hectáreas (que hasta hoy no se han terminado de explorar). En su periodo de apogeo, tenía grandes y espaciosas plazas con esplendorosas zonas verdes, más de 1450 bellas estructuras arquitectónicas de un estilo refinado, incluido el gran conjunto de construcciones llamada El Palacio, realizado por órdenes de Pakal II. En sus majestuosos edificios llegaron a vivir entre ocho y diez mil personas (entre cortesanos, dignatarios y servidores).

Como ningún otro centro ceremonial en América, Palenque sobresalió por miles de inscripciones gráficas y sagrados relieves en sus enormes construcciones, hechas principalmente de piedra caliza; decoradas con cientos de figuras policromadas de estuco, que relataban escenas de gobernantes, así como sus hazañas políticas y religiosas. La ciudad era prácticamente un lienzo de su historia y sus creencias.

La agricultura en campos aledaños y el continuo abasto de agua en su interior, gracias a un acueducto, la consolidaron como la más bella joya urbanística de la región. La celosa, la exuberante Palenque, era resguardada por la densa vegetación de la cómplice selva tropical.

Sus palacios y numerosos templos son la impronta del genio creador maya. Mítico es ya su invaluable aporte a la historia de la humanidad; somos testigos del gran conocimiento que los mayas tuvieron sobre astronomía, matemáticas y escritura. Asimismo, es evidente el alto grado de conocimientos arquitectónicos que tuvieron para erigir semejantes maravillas, muchas de ellas alineadas con las estrellas del firmamento. El investigador emérito Miguel León-Portilla detalló el complejo mundo maya: esa constelación de ciudades, esos esplendores consumados en sus muros y calzadas.

La riqueza arquitectónica de Palenque aparece en muchos de sus templos y palacios. Un ejemplo extraordinario lo ofrece el Tablero de la Cruz

> Foliada donde se ve a Kan Balam II con su padre Pakal II ante una gran planta de maíz. El saber astronómico de los mayas logró que en la puesta del solsticio de verano este santuario de la Cruz Foliada quede iluminado por el sol [...]. Aún hoy podemos sentirnos conmovidos ante la deslumbrante belleza de estas edificaciones, sin que el tiempo y la erosión de la naturaleza les han despojado de buena parte de su grandeza [...]. Muestran [sus construcciones] las oleadas de los dioses y los hombres en las que se ahondó en los misterios de los que nos sobrepasa, y se pensó y se vivió abriendo su espacio a la esplendente luz del sol.

Pero toda esa grandeza no puede explicarse sin la visión y la guía de un gran líder. Ese dirigente que se rodeó de destacados personajes, hombres y mujeres, que impulsaron la grandeza y dominio a ese poderoso centro ceremonial, fue K'inich Janaab' Pakal, Pakal II, Pakal el Grande. Su reinado abarcó sesenta y ocho años, del 26 de julio de 615 al 28 de agosto de 683. Tomó el trono de manos de su madre, Ix Sak K'uk, siendo apenas un niño de doce años; y lo dejó hasta el día que lo sorprendió la muerte, a la inusitada edad de ochenta años. Su reina, la Reina Roja, moriría a los cincuenta y nueve.

La longevidad de la pareja real refleja las condiciones en que vivieron. Mientras los hombres palencanos morían en promedio a los treinta años —usualmente en las guerras— y las mujeres no vivían más de veinticinco años, por el riesgo que implicaba la maternidad, Pakal II e Ix Tz'ak-b'u Ajaw rebasaron por mucho las estadísticas del momento, gracias a la privilegiada vida que tuvieron por su sagrada nobleza.

De princesa a soberana. Ser mujer en Palenque

En el año 626, proveniente de Ux Te' K'uh («lugar de los dioses del árbol»), señorío subordinado a la autoridad de Palenque, ubicado al norte del actual estado de Chiapas, en los límites de las llanuras de Tabasco, arribó a Palenque, en una caravana, una noble niña de trece años. La princesa Ix Tz'ak-b'u Ajaw se convertiría en su más importante soberana y, trece siglos después de su sepultura, en la enigmática Reina Roja. Su retrato esculpido en piedra revela que nació alrededor del año 613, en el seno de ese otro asentamiento maya que se encontraba también en el máximo esplendor del periodo Clásico. Era hija de Yax Itzam Aat, jefe de Ux Te' K'uh, quien llevaba el título de Tuun Ajaw («señor de la piedra preciosa»), por lo que el linaje de la princesa gozaba de gran prestigio.

Habían pasado once años desde que Pakal II fue nombrado máxima autoridad y líder de Palenque. Para ese momento, tenía veintitrés años, era soltero y no tenía descendencia aún. Debía existir desasosiego por asegurar la continuidad de su estirpe en el trono. La llegada de la princesa y su séquito se convirtió en un asunto de suma importancia, pues la propia madre de Pakal, la reina Sak K'uk', la escogió para casarse con su hijo.

Tras un acuerdo entre los gobernantes, la joven Ix Tz'ak-b'u Ajaw fortalecería, por medio de su alianza matrimonial con Pakal, los lazos políticos de la región. Aunque de sus primeros doce años de vida no se tiene registro alguno, sabemos, por las inscripciones, que dejó atrás el lugar donde nació para embarcarse en el viaje que definió su vida y el destino de un pueblo. Ix Tz'ak-b'u Ajaw cruzó la espesa selva y, tras días de marcha, llegó al que sería su nuevo hogar. La ciudad de Palenque la recibió festiva, seguramente con una celebración digna de la futura reina, promesa de un porvenir político, militar y comercial grandioso. Así sería. Bajo el reinado de Pakal II y la Reina Roja, Palenque se convirtió en la imponente capital de diversos señoríos.

Según lo que han «hablado» sus huesos, la joven, en efecto, pertenecía a la más alta nobleza. Le habían deformado el cráneo de recién nacida para alargarlo y aplanarle la frente, proceso ritual al que se

sometía a los hijos de la clase gobernante para denotar linaje y vincularlos con el dios del maíz. Las mujeres y los hombres mayas estaban «hechos de maíz», versa el *Popol Vuh;* así que parecerse físicamente a este cultivo se consideraba sagrado. Fray Diego de Landa, cronista franciscano del siglo XVI, escribió en su *Relación de las Cosas de Yucatán,* sobre el modelado cefálico maya:

> a los cuatro o cinco días de nacida la criaturita poníanla tendidita en un lecho pequeño, hecho de varillas, y allí, boca abajo, le ponían entre dos tablillas la cabeza: la una en el colodrillo [nuca] y la otra en la frente entre las cuales se la apretaban tan reciamente y la tenían allí padeciendo hasta que acabados algunos días les quedaba la cabeza llana y enmoldada, como la usaban todos ellos [...] y cuando ya les habían quitado el tormento de allanarles las frentes y cabezas iban con ellos al sacerdote para que les viese el hado y dijese el oficio que había que tener y pusiese el nombre que había de llevar el tiempo de su niñez.

Para los sacerdotes mayas, el hado o destino irrevocable de la Reina Roja era el de perpetuar un linaje sagrado, destino que quedó fundido en el nombre que hubo de llevar: Ix Tz'ak-b'u Ajaw, la señora de la sucesión o de las generaciones.

La longevidad de la Reina Roja es un indicio más de que vivía rodeada de los privilegios conferidos a su estrato social y a su condición de soberana. Al analizar su milenario esqueleto con los adelantos de las ciencias forenses y la bioarqueología, la señora de las generaciones medía 1.54 metros, padecía osteoporosis en grado avanzado y sufría artritis degenerativa. Su dentadura también reveló que, al momento de morir a los casi sesenta años, varios de sus dientes tenían caries porque comía proteína animal con habitualidad. El consumo de carne estaba reservado a las clases dominantes, hábito alimenticio muy semejante en el resto de las élites de Mesoamérica, en donde la carne solo representaba un complemento en la dieta del resto de la población.

Además de los cultivos de maíz, frijol, chile, calabaza, yuca y tomates, la realeza palencana consumía carne de venado cola blanca y manatíes en abundancia; aves como el faisán y la codorniz; gran variedad de pescados como el robalo, el bagre y las mojarras; así como tortugas y pejelagartos. Los abundantes árboles frutales de la selva les daban también aguacate, zapote blanco, nance y cacao.

A pesar de semejante riqueza de recursos, no debió ser fácil sobrevivir en la exuberante vegetación tropical. Ix Tz'ak-b'u Ajaw logró rebasar el promedio de edad a pesar de tener a la naturaleza en contra, pues los mayas se enfrentaban día a día al clima extremo de la selva, al intenso calor y a la humedad de la zona, entre muchas otras dificultades, como las lluvias torrenciales, la densa vegetación y las epidemias.

En cuanto a la posición de la gran mayoría de las mujeres en la sociedad maya, no era diferente del resto del mundo en esa época. Los hombres trabajaban en las labores de caza y agricultura; el 75% de la población mesoamericana se dedicaba a esta actividad y, en especial, al cultivo del maíz. Por otro lado, la mujer prehispánica se dedicó a labores de crianza de los hijos, a las actividades domésticas, al huerto familiar y al trabajo comunitario, así como al cuidado de los pastos o forrajes para alimentar al ganado y a los animales domesticados. Esa cercanía y conocimiento de las distintas hierbas y raíces les permitió realizar la vital tarea de curanderas y parteras.

Si bien las actividades que desempeñaban eran de carácter doméstico, estas tenían una importancia determinante en el sistema de creencias y la vida de la comunidad entera. Las mujeres se encargaban de la fabricación de los textiles, la cestería y la cerámica. Dichos productos, en casas y palacios, eran absolutamente imprescindibles. Para los mayas, hilar y tejer —en telar de cintura cruzada por la espalda—

significaba el ritual absoluto de la creación. Era un vínculo indivisible entre la divinidad y la cosmogonía que los regía.

La figura femenina estaba ligada al plano de la vida y la concepción, a la de la creación misma. De tal suerte, las faenas de la vida cotidiana adquirieron un importante significado espiritual: cada acción implicaba un influjo de vitalidad, de supervivencia para todos. Por ello, en el panteón maya, la diosa jaguar Ixchel estaba asociada a la medicina, a los nacimientos y al tejido. Era venerada, entonces, por fortalecer el vínculo entre lo cotidiano y lo divino; era capaz de provocar poderosas tormentas e inundaciones de no reconocérsele ese vital equilibrio. Representaciones de mujeres en telares de cintura, portando madejas de hilo, llevando a cabo rituales; embarazadas, cargando infantes o cachorros de jaguar, de perro, entre otros animales; así como abrazando a hombres y ancianos ilustran ese vínculo tan cercano con las divinidades que cuidaban el flujo de la vida.

Así, los huesos de la Reina Roja siguen hablándonos desde ultratumba para contarnos con certeza que, a los veintidós años, se convirtió en madre. Ix Tz'ak-b'u Ajaw tuvo tres hijos. Dos de ellos rigieron el destino de Palenque, así como uno de sus nietos: K'inich Kan Balam II, quien gobernó del año 683 al 702, al morir su padre; K'an Joy Chitam II, que tomó el trono tras la muerte de su hermano y reinó hasta 711; y Tiwol Chan Mat, quien no ascendió al poder, pero fue padre de K'inich Ahkal Mo' Naab III, gobernante del 721 al 736. La gran señora de las generaciones, la señora de la sucesión, fue madre y abuela de reyes. Tal como versa su nombre, engendró la estirpe máxima palencana que, quizá sin ella, no hubiera perdurado.

Es posible imaginarla habitando soberana en los imponentes templos, palacios y observatorios, como pieza esencial de la vida social, política y religiosa de la gran urbe. Varias mujeres de la nobleza maya habían reinado antes de manera indirecta, pero con una gran influencia en las decisiones de gobierno. Lejos de las tareas domésticas del común de las mujeres ejercieron el poder ya fuera por ser viudas, consortes o regentes de sus hijos, como las reinas Yohl Ik'nal y Sak Kúk. Las inscripciones de sus templos dan cuenta de esas vidas y hechos. Incluso, en diversos relieves, se les presenta como encargadas de otorgar a los gobernantes objetos relacionados con su poder: escudos, cetros, tiaras e instrumentos de autosacrificios de sangre, para garantizar que el universo siguiera su perfecta marcha. Por décadas, Ix Tz'ak-b'u Ajaw desempeñó puntualmente dichas obligaciones y rituales de la corte.

Asimismo, fue celosa guardiana de la memoria palencana. Se hizo cargo de los registros que contaban los hechos más relevantes y los más valiosos conocimientos que se transmitirían de generación a generación. Su labor incluía la custodia de los libros sagrados, el resguardo de saberes ancestrales y distintas actividades políticas y religiosas de Palenque, como las propiedades de hierbas medicinales, los tratamientos de enfermedades y las técnicas de adivinación.

La soberana gozó, por su jerarquía y posición, de una vida sedentaria llena de recursos y cuidados por decenas de súbditos a su servicio, en los espléndidos espacios reservados para la máxima élite. Esto le permitió llegar casi a los sesenta años de edad, sin fracturas, a pesar de la avanzada osteoporosis que minaba su salud.

La vida terrenal de la Reina Roja de Palenque se extinguió el 13 de noviembre de 672, pero no su historia. Siendo tal su trascendencia como complemento femenino del linaje que fundó junto a Pakal II, cual la luna y el sol que juntos gobiernan en el cosmos los días y las noches, Pakal ordenó construir el templo al inframundo que le honraría para la eternidad: a su lado por siempre. Así en la vida como en la muerte, el sepulcro estaba enclavado en el corazón del majestuoso templo colindante con el que habría de ser el suyo. Once años más tarde, el 28 de agosto de 683, a sus ochenta años, murió Pakal II. Su

cuerpo descansó rodeado de relieves que cuentan su historia y la de su reino. Ahí quedó inmortalizada Ix Tz'ak-b'u Ajaw, también en piedra, mientras sus restos cubiertos de joyas de cinabrio contemplaban el paso del tiempo, en una cámara mortuoria anónima, esperando a ser nombrada.

Ojos curiosos a lo largo de cinco siglos

Mientras el mundo seguía su curso, Palenque, como otras ciudades mayas, fue abandonada por sus creadores y se convirtió en templos repletos de secretos, sitios a explorar y glifos a investigar. «Pero ¿qué pasó con los ancestrales mayas?». Tendemos a contestar que desaparecieron misteriosamente, pero no fue así. Sus ciudades colapsaron emigrando a otras regiones cercanas. «La descomposición generalizada no fue por una única causa. Aunque las guerras constantes entre ciudades-Estado y las revueltas campesinas contra gobernantes despóticos desencadenaron el descontento de las clases bajas por las cada vez mayores exigencias de las élites; resultando imposible su manutención», considera el arqueólogo Leonardo López Luján. Lo cierto es que ellos nunca se han ido, hoy todavía están ahí.

Hacia el año 900, fecha que se considera el final del periodo Clásico maya, Palenque había decaído. Poco a poco, el centro ceremonial quedó desierto, a merced de la selva y el clima por los siguientes seis siglos. Tras el proceso de conquista en el siglo XVI, esta antigua joya despertó la curiosidad y la admiración de decenas de conquistadores y exploradores, quienes trataron de descubrir sus enigmas.

La ciudad, como tal, fue descubierta en 1750, por el canónigo Ramón Ordóñez y Aguiar, presbítero de la Ciudad Real, hoy San Cristóbal de las Casas, Chiapas. En 1784, informó de su existencia a la Real Audiencia de Guatemala. A partir de ese momento y durante cinco siglos, decenas de viajeros, exploradores y estudiosos de las antigüedades americanas no cesaron de visitarla, excavarla, dibujarla, interpretarla y buscar sus orígenes y secretos.

Fue principalmente a finales del siglo XIX, cuando la arqueología y la fotografía se encontraron, que las culturas mesoamericanas comenzaron a atraer la atención de todo el mundo. El trabajo de exploradores, como Claude-Joseph le Désiré Charnay, Alfred Maudslay y Teobert Maler, conjuntó la investigación con el levantamiento de imágenes únicas y exuberantes de los templos, así como dibujos y pinturas. Lo mismo sucedió con la dupla conformada por el arquitecto y dibujante Frederick Catherwood y el escritor John Lloyd Stephens, cuyas crónicas despertaron un interés enorme en el estudio de la civilización maya.

«Surgen así una protoarqueología y una historiografía en torno a Palenque, cuyos métodos e hipótesis sobre el origen de la ciudad y los hombres que la construyeron, aunque hayan dejado de tener validez desde finales del siglo XIX, forman parte importante de los antecedentes de la ciencia mayista contemporánea», refiere la investigadora Mercedes de la Garza sobre el fenómeno de la investigación arqueológica que suscitó este centro ceremonial.

Nadie encontró nada durante más de mil años. Parecía que no había rastro ni sospecha alguna de que en sus templos se encontraban dos tumbas únicas en su tipo, con restos milenarios y vestigios de la grandeza soberana de los reyes mayas. Ni el diplomático, periodista y explorador Stephens; ni el curioso Catherwood; ni los españoles conquistadores; ni los frailes; ni los saqueadores imaginaron siquiera que la Reina Roja vivía en las entrañas de esta selva sagrada, en el templo contiguo al de su esposo, Pakal II, también resguardado varios metros bajo tierra.

Los exploradores se sintieron atraídos por las misteriosas construcciones que había engullido la selva por centurias. Las ruinas de Palenque continuaron siendo objeto de múltiples exploraciones y

estudios. Todo parece sacado de una novela de aventuras épicas, de arqueólogos e investigadores de mundos perdidos. Pero, una vez más, en nuestra Historia, la realidad supera la ficción. Efectivamente, se trató del descubrimiento de un mundo perdido hace trece centurias.

Eslabones unidos por siglos de Historia

En el fascinante hecho de su hallazgo, Ix Tz'ak-b'u Ajaw y Fanny López tejen, desde su periodo histórico, la vida de las mujeres. El puente entre la Reina Roja y la arqueóloga que la descubre es la determinación para hilar, con sus vidas, el lienzo indestructible que nos une con quienes vivieron hace milenios. Resulta extraordinario que la Reina Roja haya sido encontrada por otra mujer con gran decisión, a la par del equipo de arqueólogos que trabajó en el descubrimiento. El hallazgo es un testimonio de su oficio, conocimientos, olfato e intuición.

Estamos inalterablemente conectados a las mujeres y los hombres de nuestro pasado en una cadena de eslabones que no se rompe. Es también extraordinario el eslabón que la une con la historia del etnólogo y epigrafista ucraniano, Yuri Knórozov, quien descifró el misterio de la escritura maya hacia 1952, sin haber estado antes en México. Tras encontrar el libro sobre los mayas de fray Diego de Landa en una caja apilada en la calle durante la evacuación de la biblioteca de Berlín, siendo un soldado soviético durante la Segunda Guerra Mundial, inició la epopeya lingüística una vez que volvió a casa. «Cualquier código y sistema elaborado por un ser humano puede ser resuelto por otro ser humano», declaró confiado cuando, desde su escritorio y tras largos años de estudio, descifró los jeroglíficos de facsimilares de textos sobre los códices mayas.

La Arqueología y la Historia han podido ponerle rostro a Ix Tz'ak-b'u Ajaw, la gran mujer de la cultura del Clásico mesoamericano, pero los avances de la medicina forense la trajeron hasta nuestros días. Más allá

de los resultados que arrojan los análisis y estudios multidisciplinarios de químicos, antropólogos físicos, arqueólogos y bioarqueólogos, la completa identificación de la Reina Roja aún puede considerarse inconclusa. Su identidad continuará rodeada de misterio, dice la bioarqueóloga Vera Tiesler, hasta que no se encuentren pruebas irrefutables de que los restos que pertenecen a Ix Tz'ak-b'u Ajaw coinciden con el ADN de los restos de sus hijos, si son encontrados algún día.

Tras la reconstrucción de su máscara mortuoria, ha formado parte de exhibiciones alrededor del mundo como uno de los más grandes misterios de la arqueología del siglo XX. Se presentó en la denominada Golden Kingdoms (Reinos Dorados); en el Museo J. Paul Getty, en California, Estados Unidos, así como en el Museo Metropolitano de Arte, de Nueva York; y, en 2023, en Ancient Mexico: Maya, Aztec and Teotihuacan, en el Tokyo National Museum. ¿En dónde están ahora sus restos?, de nuevo, en Lakamha'. ¿Y su ajuar?, en el Museo Nacional de Antropología e Historia.

Mientras tanto, embelesados por su existencia, sigamos escuchando a sus huesos contar la historia de su muerte y de su vida, cual palíndromo, de atrás hacia adelante. A treinta y un años de su resurgir del inframundo, Adriana Malvido, testigo de su descubrimiento, entrañable, le da voz a la soberana palencana:

> Han transcurrido ya miles de amaneceres desde que me encontraron. Y muchas lunas llenas desde que se empezó a escribir mi historia. Sigo presente en los sueños de quienes persiguen las huellas que dejé sepultadas en la selva, en las escrituras, en las ofrendas, en la cerámica, los tableros y los templos de Palenque. De todo eso se habla y se escribe. Y yo, la Reina Roja, como me llaman, los acompañaré de nuevo en este relato para compartir mis secretos. Poco a poco, como se revelan los conocimientos grabados en las piedras y los que se encuentran escritos en el cielo maya.

Conquista y Virreinato

Tecuelhuétzin, doña Luisa Xicoténcatl

Nacer y vivir entre guerras

Tizatlán, Tlaxcallan (actual estado de Tlaxcala), c. 1500 - Santiago de los Caballeros de Guatemala (actual Ciudad Vieja), 1537

Los tlaxcaltecas le dijeron a Malintzin que explicara que deseaban
establecer lazos de alianza con Cortés y sus hombres
casando a sus hijas con ellos, del mismo modo
que hubieran intentado terminar cualquier otra guerra.
En este caso, ofrecieron a tres grupos de muchachas:
princesas magníficamente ataviadas,
hijas de señores bien vestidas
y jóvenes del común en ropas sencillas,
probablemente esclavas.

CAMILLA TOWNSEND, CUARTA ESCENA DEL
«FRAGMENTO DE TEXAS» (*LIENZO DE TLAXCALA*)

A los catorce años, a la joven Tecuelhuétzin le encomendaron un deber como princesa tlaxcalteca: casarse, pero no con un hombre de su linaje. Su misión sería aún más ambiciosa: unir su vida en favor de una estrategia de guerra.

Era hija de Xicoténcatl el Viejo, uno de los señores de los cuatro pueblos que integraban la antigua Tlaxcallan a principios del siglo XVI. El hombre con el que debía aliarse matrimonialmente había nacido en un lugar más allá del inmenso mar, en un sitio inimaginable hasta entonces: Badajoz, Extremadura, en el Reino de España. Reino del que provenían los feroces aliados de los tlaxcaltecas, con quienes pactaron una cruenta lucha en contra de los mexicas, sus eternos y acérrimos rivales. Su nombre: Pedro de Alvarado, uno de los capitanes de Hernán Cortés.

Por su extraña apariencia —cabello rubio rojizo y gran altura—, le pusieron por sobrenombre en náhuatl «Tonatiuh», el dios sol. Esto debió de suponer un elogio muy especial, sobre todo para los mexicas, por su ferviente adoración al sol.

Sus trepidantes vidas llegarían inseparables hasta el final, a sangre y fuego, tras esa otra violenta historia de la Conquista que libraron algunos pueblos indígenas contra el yugo impuesto por México-Tenochtitlan dos siglos atrás.

En la indómita Tlaxcallan

Hacia 1519, los mexicas y sus aliados de la Triple Alianza (Tlacopan, Texcoco y Tenochtitlan) vivían la grandeza del Imperio, pero también el odio y el encono de aquellos pueblos que habían sometido por la fuerza y que, con enormes impuestos y tributos a esa alianza, sustentaban ese Imperio. Los tributos incluían la vida misma. Al no doblegarse ni someterse ante ellos, la antigua Tlaxcallan se convirtió en un pueblo asolado y empobrecido, pero de grandes guerreros. Por siglos, su principal actividad fue esa defensa.

Tecuelhuétzin sería parte de esta lucha. Ella combatiría hombro con hombro contra ese Imperio que tanta desgracia había traído a su pueblo. La vida que le tocó contribuyó a la naciente nación mestiza que es México desde hace cinco siglos, cuya compleja fundación no se entiende sin la escabrosa trama política y social, colmada de filias y fobias, de alianzas y pugnas.

Tlaxcallan fue una nación, aunque de igual origen y lengua que la mexica, muy distinta a ella. Formaba parte del crisol de ciencia, religión, conocimiento y comercio florecido en el Altiplano Central y, sin duda, encarnó también ese nuevo mundo: ni español ni indígena, sino *mexicano*. De ello da cuenta el *Lienzo de Tlaxcala*, códice virreinal del siglo XVI, que, desde la visión tlaxcalteca, documenta con detalle la tradición, el linaje y los acontecimientos de la Conquista. En él figura como protagonista Tecuelhuétzin («señora del linaje dirigente»), como en su lengua materna indicaba su nombre; o Luisa Xicoténcatl, nombre que adquirió tras el bautizo y su unión con Pedro de Alvarado y con el que la registró la Historia.

Tecuelhuétzin nació en los albores del siglo XVI, en Tizatlán, «barrio de la tiza o yeso blanco», una de las cuatro cabeceras que conformaban la indómita y antigua Tlaxcallan.

Desde hacía más de ocho mil años, diversos grupos humanos moraban esta fértil región de clima templado y gran riqueza de flora y fauna. Se encontraba dentro de dos grandes llanos, el Calpulalpan y el Huamantla, cortados por cañadas y barrancas. Era una de las zonas más pobladas del Altiplano Central. Por siglos, tras los volcanes Popocatépetl e Iztaccíhuatl, hombres y mujeres de diversas culturas fundaron en la zona importantísimos centros de poder, prósperos focos comerciales y centros ceremoniales, como la mítica Cacaxtla.

Así, a principios del siglo XVI, la antigua y pujante Tlaxcallan estaba integrada por cuatro importantes señoríos con poderosos mandatarios: Tlehuexolotzin estaba al frente de Tepeticpac; Maxixcatzin, de Ocotelulco; Xicoténcatl el Viejo, dirigía Tizatlán, y, finalmente, Citlalpopoca gobernaba el pueblo de Quiahuiztlán. Sin embargo, esta bonanza estaba condenada a la marginación y a la resistencia debido a la agresiva expansión de los tenochcas o mexicas.

La investigadora Mercedes Meade de Angulo señala:

> Desde el reinado de Moctezuma Ilhuicamina, empezaron las grandes conquistas mexicas, que causaron mucha preocupación en Tlaxcala. Una serie de guerras se iniciaron entre tlaxcaltecas y mexicas, estos últimos fueron cercando a Tlaxcala, al grado de privarla del comercio con muchos pueblos, y con ello, incluso de productos tan indispensables como la sal [...]. Ante el asedio, adoptaron una técnica defensiva: rodearon la provincia con grandes fosos y una gran muralla. Esta situación duró muchos años, en los cuales los tlaxcaltecas permanecieron cautivos dentro de sus propias tierras, cercados por el Imperio mexica [...]. Los españoles encontraron entonces en Tlaxcala, una nación independiente como otras de Mesoamérica; enemiga irreconciliable de los mexicas, a quienes odiaba tanto que jamás emparentó con ellos.

Los mexicas se fueron haciendo cada vez más fuertes en la cuenca de México, conquistando a una gran cantidad de pueblos que, sometidos por la fuerza a su nuevo orden económico y político, así como a su particular religión y cosmovisión del mundo, les rendían pesados tributos y sistemáticos sacrificios humanos.

Tlaxcallan no se dejaría someter jamás y pagaría caro ese enfrentamiento, al grado de empobrecerse. Su gran nación de guerreros combatió a los constantes embates mexicas, pero ello impidió que pudieran continuar el intercambio comercial con la Costa del Golfo, la península de Yucatán y hasta el actual territorio de Honduras, que tanta riqueza les había generado. Tuvieron que decir adiós a productos como sal, cacao, cera, textiles, pigmentos, oro, piedras preciosas, pieles finas, plumas de aves exóticas y algodón, entre un sinfín de bienes obtenidos de los demás asentamientos prehispánicos.

Con el cerco impuesto por sus enemigos y sin rutas comerciales, los tlaxcaltecas buscaron adaptarse a las carencias de una vida llena de pobreza. Incluso lograron vivir sin algodón, por lo que tuvieron que desarrollar una sofisticada manufactura de textiles de diversas fibras.

Adaptarse nunca significó acostumbrarse o resignarse. Tenían claro que, para sobrevivir, debían aniquilar la fuente de su desdicha. En este escenario, y con ese rencor en las venas, vino al mundo Tecuelhuétzin. Esta «señora del linaje dirigente» llevaba en su nombre el destino de su trepidante vida. Su padre asumió el poder en Tizatlán en 1501; de modo que, cuando llegaron los españoles en 1519, ya era un hombre de edad avanzada, prácticamente ciego, pero con gran preponderancia entre su gente.

Tecuelhuétzin fue una más de entre los numerosos hijos que el mandatario tuvo con sus doscientas esposas. La poligamia era algo normal en el mundo prehispánico, siempre y cuando el hombre pudiera mantener a sus mujeres y a sus hijos; de lo contrario, era muy mal visto. Ella, su hermana Tolquequetzaltzin y su hermano Xicoténcatl Axayacatzin el Joven, serían protagonistas de la lucha contra México-Tenochtitlan en la alianza con Cortés. El nombre y la identidad de su madre —como los de miles de mujeres— escaparon a la Historia. No se tiene registro de ella, a pesar de que, con su vida fundó también el poderío tlaxcalteca.

Ser mujer en Tizatlán. La vida cotidiana en Tlaxcallan

Los «blancos cerros de tiza» en donde creció la pequeña princesa Tecuelhuétzin, en aquel vasto territorio del centro de la cuenca de México, estaban destinados a ser el punto de quiebre en la historia de la Conquista. Así lo narró con gran detalle, a finales del siglo XVI, el prolífico historiador tlaxcalteca Diego Muñoz Camargo en la vasta obra sobre su pueblo. Nacido en 1530, Muñoz Camargo fue hijo del conquistador español Diego Camargo y de una noble indígena.

El texto, de inmenso valor histórico, se publicó siglos después en el México independiente, bajo el título *Fragmentos de la Historia Mexicana, pertenecientes en gran parte a la Provincia de Tlaxcala* (1871). Con motivo de la Exposición Universal de Chicago, la obra fue reimpresa —la primera de muchas ocasiones—, en 1892. El imprescindible documento describe cómo eran la casa y la ciudad natales de la joven Tecuelhuétzin:

> muchas casas juntas apeñuscadas y entre estas casas, muchos callejones angostos y torcidos, con muchos retretes y vueltas. Las casas son de terrado, o de azotea, de vigas y tablazón, extrañamente labradas, y hechas de adobes, ladrillos y de cal y canto, mayormente las de los principales. No usaban altos, que llamamos sobrados, sino bajos, y salas muy grandes de extraña hechura; y menos saben de puertas para cerrar sus casas, sino eran de unas esteras hechas de carrizo, postizas, que se pueden quitar y poner y en ellas puestos unos cascabeles de cobre y de oro y de otros metales, y de conchas marinas, para que sonasen e hiciesen

estruendo y ruido cuando se quitasen, abriesen o cerrasen las puertas de las casas.

La voz *Tlaxcallan*, proviene del náhuatl *Texcallan*, es decir, *texcalli*, «roca o peñasco», y la terminación *-lan*, «lugar», lo que significa «en el peñasco». Otras voces lo relacionan con *tlaxcalli*, «tortilla», cuya representación en el códice Ramírez es la del glifo de un cerro coronado con dos manos haciendo tortillas. «País de pan y tortillas», también se puede leer.

La vida cotidiana que llevaba esta joven antes de casarse con Alvarado la desconocemos en realidad; sin embargo, por las crónicas que los frailes recogieron de voz de los propios tlaxcaltecas tras la Conquista, debió ser igual a la del resto de las mujeres de su tiempo. Formaba parte de una sociedad altamente estratificada como todas las culturas mesoamericanas. Constituida fundamentalmente por nobles, los pipiltzin, y por una mayoría de gente común, los macehualtin. A su vez, los nobles podían pertenecer a diferentes rangos como el de tlatoani, tecuhtli, pilli y teixhuihuan.

Los primeros años de Tecuelhuétzin transcurrieron bajo la estricta educación de la nobleza tlaxcalteca. Cuando una niña o un niño nacía, toda la familia y parientes lo llenaban de regalos, le narraban la vida de sus ancestros y le escogían un nombre relacionado con una flor, un animal o algún hecho histórico que coincidiera con el día en que había nacido. El respeto entre padres e hijos era muy profundo, al igual que se les inculcaba un gran sentido del honor. A su vez, los padres tenían a su cargo la educación de los hijos pequeños, a los que llevaban a las labores del campo. Les enseñaban a emplear utensilios domésticos y a efectuar tareas caseras sencillas. Si eran menores de ocho años y cometían alguna falta, solo los aconsejaban y amonestaban, pero después de esa edad eran corregidos con diversos castigos corporales. Al cumplir los trece o catorce años, los varones debían trabajar por su cuenta, mientras que las niñas debían laborar en la cocina, hilar y tejer, hasta que se casaran entre los dieciséis y dieciocho años.

Dos escuelas estaban destinadas a la educación formal, misma que iniciaba después de los quince años: el telpochcalli, donde los plebeyos recibían adiestramiento militar y aprendían artes y oficios; y el calmécac, la escuela para nobles, a quienes se entrenaba militarmente para ocupar altos puestos gubernamentales o, de forma vitalicia, se educaban para ejercer el sacerdocio. Los alumnos del telpochcalli se preparaban para las labores del campo, la construcción y la guerra. Los jóvenes permanecían en la escuela hasta que se casaran, alrededor de los veinte años. Existieron también escuelas para jóvenes sacerdotisas, en donde aprendían el tejido, el arte plumario y servir al culto de los templos. Las mujeres tlaxcaltecas, como en gran parte del mundo prehispánico, tenían una condición social inferior a la de los hombres. Tecuelhuétzin recibió así de sus mayores las enseñanzas esperadas para una mujer de la nobleza: dominar el hilado y el tejido de textiles, la preparación de alimentos y rituales, así como todo aquello relacionado con la vida doméstica palaciega.

En la tradición mesoamericana, la partera enterraba el ombligo de las niñas junto al hogar donde habían nacido, como señal de que no saldrían de su casa; sin embargo, el destino de esta tlaxcalteca en particular no fue cerca de su hogar en Tizatlán, sino a cientos de kilómetros: en un inimaginable mundo que, violentamente, estaba por emerger y del que ella sería partícipe en carne propia.

Semillas de encono y odio. Tributo y guerras floridas

Hacia 1440, el tlatoani mexica Moctezuma Ilhuicamina declaró una guerra entre la Triple Alianza y los nahuas que vivían del otro lado de los volcanes, en Huejotzingo y Tlaxcallan. Fue una cruenta guerra

donde la semilla del odio se sembró certera. Durante más de setenta años los tuvieron cercados en una permanente y aguerrida campaña, sin tregua, sin vencedores ni vencidos. Las sistemáticas querellas permitieron a los mexicas capturar una enorme cantidad de prisioneros para ofrecer a sus dioses, en especial a Huitzilopochtli y Tláloc, los sedientos de sangre y corazones humanos, a quienes estaban dedicados los dos principales templos gemelos en el Templo Mayor. El historiador Serge Gruzinski señala que se trataba de una guerra programada que constituía al mismo tiempo un inmenso juego, un entrenamiento regular para campañas futuras y un ritual orquestado para que los dioses vivieran y el mundo continuara su curso. Recibía el nombre de «guerra florida». En palabras del cronista y misionero jesuita Joseph de Acosta, en su obra *Historia natural y moral de las Indias*, de 1589:

> los hombres que sacrificaban eran habidos en guerra; y si no eran cautivos, no hacían estos solemnes sacrificios. Que parece siguieron en esto el estilo de los antiguos [...] por eso llamaban visita al sacrificio, porque era de cosa vencida; como también, la llamaban hostia, porque era ofrenda hecha de sus enemigos [...]. En efecto, los mejicanos no sacrificaban a sus idolos, sino sus cautivos; y por tener cautivos para sus sacrificios, eran sus ordinarias guerras; y así cuando peleaban unos y otros, procuraban haber vivos a sus contrarios, y prenderlos, y no matallos, por gozar de sacrificios; y esta razon dio Moctezuma al Marqués del Valle [Hernán Cortés] cuando le preguntó: ¿Cómo siendo tan poderoso, y habiendo conquistado tantos reinos, no había sojuzgado la provincia de Tlascala, que tan cerca estaba? Respondió esto Moctezuma que por dos causas no había allanado aquella provincia, siéndoles cosa fácil de hacer, si lo quisieran. La una era por tener en que ejercitar la juventud mejicana, para que no se criase en ocio y regalo. La otra, y principal, que había reservado aquella provincia para tener de donde sacar cautivos que sacrificar a sus dioses.

De acuerdo con este relato, en los rituales de sacrificio las víctimas eran conducidas desnudas por las empinadas escaleras del templo, escoltadas por guerreros y rodeadas de multitudes expectantes. Al llegar a la cima, cinco ministros las sujetaban con precisión: dos por los pies, dos por las manos, uno por el cuello. Sobre la piedra ritual, el sumo sacerdote abría con rapidez el pecho del prisionero y extraía su corazón aún palpitante. El órgano era alzado hacia el sol, como ofrenda de calor y aliento, y luego arrojado al rostro del ídolo. El cuerpo, ya inerte, se empujaba por los escalones del templo, tiñéndolos de sangre mientras rodaba hasta el pie de la pirámide. Así, el sacrificio no solo honraba a los dioses, sino que se convertía en un espectáculo colectivo cargado de poder y simbolismo.

Además del carácter cósmico y ritual de los sacrificios humanos, el acoso y las hostilidades de los mexicas hacia los pueblos vecinos se alimentaron también de una estratégica motivación económica y comercial. Los pueblos sometidos servían desmedidos tributos mediante toneladas de alimentos y mercancías. A causa del forzado encierro, no tuvieron acceso a cientos de bienes que no se producían en sus tierras. Este tortuoso escenario perduró hasta la llegada de los españoles en 1519, quienes supieron sacar ventaja de esas profundas heridas. Los cuatro señoríos incubaron un enorme sentimiento de orgullo y pertenencia por esa indómita nación tlaxcalteca. Nación que no se doblegó ante el Imperio mexica; nación que nunca se dejó conquistar; nación que, al borde de la hecatombe que significó la llegada de Hernán Cortés y sus hombres, pactó con estos su propia supervivencia. Y ahí, en medio de la trascendente alianza, las vidas de Tecuelhuétzin y de otras princesas tlaxcaltecas resultaron de vital importancia y protagonismo.

Convertirse en otra: Luisa Xicoténcatl y Pedro de Alvarado. Una alianza inquebrantable

Hernán Cortés arribó a las tierras de Tlaxcallan —o Tlaxcala, como le llamaron desde entonces— el 18 de septiembre de 1519. Los Cuatro Señores Viejos no eran ajenos al incesante avance y al poderío desplegados por los extranjeros desde su arribo a las costas de Veracruz, meses atrás. Cortés, en su objetivo de llegar a México-Tenochtitlan ante el omnipotente huey tlatoani que lo obsesionaba, se encontró con los tlaxcaltecas en su terruño. Su ejército consistía en trescientos españoles, quince a caballo; decenas de soldados que originalmente eran marineros caribeños de origen taíno; algunos principales de Cempoala; casi un millar de guerreros totonacas y un sinfín de indígenas que transportaban enceres, provisiones y víveres. Los aguerridos tlaxcaltecas combatieron día y noche a los invasores durante veinte días consecutivos, del 2 al 22 de septiembre, cuando Cortés y sus capitanes finalmente los derrocaron. ¿Por qué no recibieron la ayuda del poderoso ejército de Moctezuma? Por el odio ancestral que prevalecía entre su gente.

Ante lo inevitable, cuando sus medios de defensa no resistieron más, Tlaxcallan pactó la paz y la alianza con Hernán Cortés mediante la interpretación de Malintzin. Desde entonces, los dos ejércitos serían uno mismo. Los guerreros de Tlaxcala participaron impetuosos en la toma de Cholula ese mismo año. No todos estuvieron de acuerdo con el pacto: el príncipe guerrero Xicoténcatl el Joven —hermano de Tecuelhuétzin—, no solo los combatió ferozmente, sino que se opuso a la alianza hispano-tlaxcalteca y jamás depositó su confianza en la inusitada sociedad. Su relación con Cortés fue siempre en extremo difícil. Cuando este se encontraba en Texcoco, el joven guerrero abandonó el ejército aliado, por lo que fue acusado de alta traición. Cortés no fue benévolo. Ordenó que lo ahorcaran de inmediato cerca de Texcoco, el 12 de mayo de 1521, previo a ver caer a los mexicas durante los aciagos tiempos

de incontenible violencia. Pero antes de que españoles y tlaxcaltecas unieran fuerzas, fue imprescindible que se celebrara un milenario ritual el 23 de septiembre de 1519. Nada más antiguo y común en la historia, tanto en el mundo europeo como en el mundo indígena, que enlazar en matrimonio a los hijos de los gobernantes para asegurar, a través de lazos de sangre, el bienestar de su gente y sus familias. Daba inicio así el mestizaje.

Con esa acción, la historia registró por primera vez los pasos de Tecuelhuétzin: cuando ella, sus hermanas y sus primas, así como varias mujeres tlaxcaltecas más, unieron su suerte a la de los españoles estrechando vínculos políticos para enfrentar al enemigo común mediante la guerra. Probablemente, su voluntad no fue tomada en cuenta, pero eso no lo sabemos. Lo que sí sabemos es que, a partir de que todas ellas recibieron en matrimonio a los capitanes españoles más importantes, el sendero de sus vidas fue el de caminar, luchar, traducir, interpretar, procrear y conquistar —junto a ellos— territorios alejadísimos de su natal Tlaxcala.

El cronista y capitán de la Conquista, Bernal Díaz del Castillo, en su *Historia verdadera de la conquista de la Nueva España*, escribió casi cinco décadas después, en 1568, las palabras que Xicoténcatl el Viejo dijo en aquellos momentos y que este atestiguó de primera mano:

> Otro día vinieron los mismos caciques viejos, y trajeron cinco indias hermosas, doncellas y mozas, y para ser indias eran de buen parecer y bien ataviadas [...] y dijo Xicoténcatl a Cortés: «Malinche, esta es mi hija y no ha sido casada, que es doncella, tomadla para vos» [...], lo cual luego lo hicieron, y en él se dijo misa y se bautizaron aquellas cacicas, se puso nombre a la hija del Xicoténcatl doña Luisa, y este les ofreció a las demás jóvenes, hijas también de hombres principales, para que les cediera a sus capitanes. Cortés, como había hecho en Tabasco con Marina, aceptó el obsequio para sus amigos; tomó de la mano a la hija de Xicoténcatl y se la dio a Pedro de Alvarado, y dijo a su padre que aquél a quien la daba era

> su hermano y su capitán, y que lo tuviese por bien, porque sería del muy bien tratada, y el Jicotenga recibió consentimiento dello.

Fueron entregadas en esa coalición las mujeres más valiosas de Tlaxcala, trescientas en total, entre nobles y doncellas. Y así como el resto de los pueblos indígenas se unieron a Cortés por el ferviente odio a los mexicas, el vínculo a través de las mujeres nobles también fue acompañado de comida, vestimenta, esclavos y esclavas de esos pueblos, para su servicio. Por su parte, la historiadora Margarita Cossich señala que Cortés (y sus hombres), «como las reglas políticas lo indicaban, también daba obsequios a los pueblos aliados, datos que suelen ser soslayados por los historiadores actuales de que los indígenas entregaron sus reinos a cambio de espejitos y baratijas».

Por su parte, el cronista texcocano Fernando de Alva Ixtilxóchitl, quien trabajó entre 1600 y 1608 varios asuntos relacionados con la Conquista, confirmó la reciprocidad en estos hechos:

> y habiendo juntado muchas doncellas con estos señores, se las dieron a Cortés y a los suyos, cargadas de muchos presentes como oro, mantas, plumería, y dijo Maxixcatzin a Marina que dijese al señor capitán, que allí estaban aquellas doncellas hijas de Xicoténcatl y otros señores nobles, para que él y sus compañeros las recibiesen por mujeres y esposas. Cortés les dio las gracias, ya las repartió entre los suyos [...] y por usar de magnanimidad y en recompensa de la dádiva, pidió ciertos mensajeros que fuesen a Cempoalan para traer cantidad de mantas, enaguas, huipiles, pieles, cacao, sal, camarones y pescado, que todo ello, traído que fue, lo repartió entre las cuatro cabezas y los demás señores tlaxcaltecas y fue para ellos de muy gran merced y regalo, porque carecían de todo ello.

Los vientos de cambio, pero también de guerra, soplaban sobre Tlaxcala. Las nutridas dotes que los nuevos esposos dieron a los padres de las princesas fueron testimonio de ello.

Destinos, mujeres y hombres indígenas, españoles, capitanes, caciques y doncellas confluyeron en nueva estirpe que nacía al mundo: Tlaxcala, en el México mestizo, tras tres siglos de virreinato como Nueva España. Vidas que quedaron representadas por las pinceladas con las que los tlacuilos, «dibujantes», contaron esta historia en los hermosos dibujos y grafías —ya en castellano—, en el magnificente *Lienzo de Tlaxcala* (c. 1550).

Es el recuento de la otra visión de la Conquista, de los otros hechos que también dieron rostro a esa naciente nación mestiza, obra del sincretismo cultural por antonomasia. Sus personajes; los sistemas de escritura —la jeroglífica náhuatl y la alfabética latina—; el armamento indígena y español de metal, cuero, madera y obsidiana; los vestidos y el adorno personal fueron elementos que expresaban su identidad cultural y los distinguían individual y socialmente.

En 1522, el cabildo de la ciudad de Tlaxcala comisionó una obra histórico-artística para mostrar esa participación tlaxcalteca en las alianzas y guerras de conquista. Esta obra, el *Lienzo de Tlaxcala,* no tiene parangón en nuestra Historia por su monumentalidad y por la eficacia de su lenguaje visual. Combina la tradición mesoamericana de contar las historias visualmente con la tradición del grabado europeo. Sus atractivas y sencillas imágenes se siguen empleando hasta el día de hoy de manera privilegiada para ilustrar los eventos de esa conquista que los tlaxcaltecas rememoran como triunfadores. Se mandaron realizar tres versiones. Aunque hoy las originales se encuentran perdidas, se puede conocer su riqueza y contenido por las copias hechas en siglos posteriores.

En el núcleo de ese mundo nuevo, Tecuelhuétzin se convirtió en otra mujer siendo la misma. Ahora era Luisa, doña Luisa Xicoténcatl, nombre cristiano que, en la pila bautismal, eligió para ella el padre Díaz. Su linaje y apellido indígena no cambiaron nunca. Su hija, Leonor Alvarado Xicoténcatl, lo ostentó en el futuro con gran dignidad y orgullo.

Del otro lado de esta misma historia, del lado de los españoles, al desembarcar en América desde finales del siglo xv, debieron haber sentido un gran impacto al encontrarse con los muy diversos grupos indígenas de tan distintos rostros y tan variadas costumbres, en climas, escenarios, flora y fauna tan extraños como exuberantes y fantásticos. Las crónicas, las cartas y los relatos de los conquistadores exhibieron no solamente ese asombro por lo desconocido, sino también las expectativas que se habían formulado en Europa antes de ese temerario viaje.

Sin duda, también tenían ideas sobre esa «mujer imaginada» que hallarían en la aventura al Nuevo Mundo. Tal como lo señala la escritora española Carolina Aguado Serrano, en su libro *No fueron solos: mujeres en la conquista y colonización de América* (2012): «los conquistadores reflejan la imagen mental de la mujer que esperaban encontrar en las Indias, fusión de personajes míticos del Viejo Mundo, como las sirenas y las amazonas. Los españoles desembarcaron en una tierra de oportunidades, y para muchos de ellos su destino quedaría unido a un nombre de mujer». El de Pedro de Alvarado quedó unido para siempre a Tecuelhuétzin, a doña Luisa Xicoténcatl.

Quizá entre ambos existió una incontrolable atracción física, colmada de arrebatada pasión, quizá un sentimiento de legítimo amor. Eso es muy difícil de asegurar. El personaje cruel y despiadado que muchas veces fue Alvarado contrastó fuertemente con la cercanía y complicidad que demostró hacia su mujer náhuatl. Prácticamente era una niña —desde el punto de vista del siglo xxi—; en sus mundos, era común que las mujeres se casaran a corta edad. Basta imaginar el escenario en que su padre la une, con tan solo catorce años, a uno de los conquistadores de treinta y cuatro años. Podríamos pensar que debió de estar asustada; sin embargo, según los hechos, sí existió una cercanía inquebrantable con Alvarado. Luisa no se le separaría nunca, fue su sombra misma.

Pareciera que se trató de una mujer enamorada o, por lo menos, con un profundo sentimiento de afecto por ese hombre con el que compartió todo: batallas, caminatas, vida marital, refriegas, dos amados hijos, vicisitudes y el destino. Permaneció con él desde Tlaxcala, como parte de la comitiva de Cortés, también como una extraña huésped del mismísimo padre de Moctezuma en las casas de Axayácatl en México-Tenochtitlan en noviembre de 1519; como protagonista de la ruina de sus archienemigos en la matanza del Tóxcatl, en mayo de 1520; como sobreviviente de la huida del infierno que fue la Noche Triste en junio de 1520; como testigo de la caída del odiado Imperio mexica a manos de los suyos y los españoles en agosto de 1521; como miembro de la osada campaña por la conquista de Guatemala y Honduras en diciembre de 1523; y como parte de la desastrosa expedición de Alvarado hasta los confines del Imperio inca, en Perú, en enero de 1535. Juntos permanecieron siempre, uno al lado del otro, para completar odisea y vidas.

Una nueva guerra junto a un «sol» de sangre fría

Pedro de Alvarado y Contreras fue el hombre más aguerrido y temerario de las huestes de Hernán Cortés. De sus años de infancia y juventud en España no se sabe mayor detalle. Es a partir de las hazañas como conquistador en el Nuevo Mundo que conocemos, además de su fisionomía, su personalidad. Era atractivo, gallardo y carismático. Extraordinario guerrero. Corpulento, de 1.80 metros de estatura, con cabellera y barba color rubio cobrizo, ojos azules y la cara roja. Sin embargo, contrario a esas cualidades, su arrojo carecía de moderación y análisis. Era un hombre despiadado e irreflexivo, un «sol» con la sangre fría. A diferencia de la gran astucia con que se manejó Cortés, sus dotes políticas eran completamente nulas. Había llegado

a La Española con sus hermanos hacia 1510 y, bajo las órdenes de su tío, Diego Velázquez, participó en la conquista de Cuba, así como en la expedición al mando de Juan de Grijalba por Yucatán y las costas del Golfo de México, en 1518. En esta expedición se descubrió Cozumel, se navegó por primera vez el río Papaloapan y se bautizó a la población cercana a la su desembocadura (hoy, Alvarado, Veracruz). Finalmente, un año después, Pedro de Alvarado se unió a la expedición de Hernán Cortés, con lo que inició la conquista de México.

Tras la alianza hispano-tlaxcalteca y su unión matrimonial, entraron juntos Tecuelhuétzin y Tonatiuh en el contingente de Hernán Cortés que se entrevistó en México-Tenochtitlan con el gran tlatoani en persona: el omnipotente Moctezuma Xocoyotzin, aquel soberano que infligía tantas penurias a su pueblo. Hombro con hombro, con los protagonistas del final de los tiempos antiguos, Tecuelhuétzin vivió por meses en el corazón de la ciudad de sus odiados rivales, ahora como doña Luisa Xicoténcatl. Vivió en las casas del emperador Axayácatl, el difunto padre de Moctezuma, durante la pasmosa y tensa antesala de la guerra, del 8 de noviembre de 1519 al 30 de junio de 1520. Durante esos meses de tirante calma, el punto de quiebre lo habría de detonar justamente Pedro de Alvarado.

Cuando Cortés salió del centro ceremonial rumbo a Veracruz para combatir a Pánfilo de Narváez, quien tenía órdenes de apresarlo por su insubordinación a Diego Velázquez, gobernador de Cuba, dejó a Alvarado al mando con una pequeña guarnición. Pero Alvarado, volátil, violento y temeroso de una insurrección de los mexicas, aunque estos no estaban armados, perpetró la terrible matanza de nobles, danzantes y músicos en la festividad religiosa del Tóxcatl.

Como consejera y puente crucial entre las esferas indígena y española, no se sabe con certeza si doña Luisa formó parte de esas conspiraciones, pero Bernal Díaz del Castillo relata que varios tlaxcaltecas interpretaron que la celebración se trataba de una posible rebelión y que corrían el riesgo de ser sacrificados. Moctezuma, prácticamente cautivo por el ejército aliado, había pactado con Cortés no celebrar este ritual. El resultado, por demás cruel y despiadado, enardeció los ánimos de los tenochcas, cansados ya de la incertidumbre que generaba la incómoda estancia de los peligrosos huéspedes. Españoles y tlaxcaltecas permanecieron encerrados sin comida varios días en el palacio de Axayácatl. Tras su exitoso regreso contra Narváez, Cortés encontró la ciudad en silencio y expectante a un ataque inminente, por lo que decidió sacar a los cautivos huyendo sigilosamente. Los mexicas los descubrieron y los atacaron, por tierra y por agua, la noche del 30 de junio y la madrugada del 1 de julio de 1520, en la llamada Noche Triste. Cientos de hombres y mujeres del ejército hispano-tlaxcalteca murieron tratando de escapar por la calzada que llevaba a Tlacopan (hoy, la calzada México-Tacuba).

Al clarear el día, tras la desastrosa derrota y ante la gran cantidad de españoles e indígenas muertos o heridos sorteando todavía el peligro, describió Bernal Díaz del Castillo lo siguiente:

> Pues olvidado me he de escribir el contento que recibimos de ver viva a doña Marina y a doña Luisa, la hija de Xicotenga, que las escaparon en los puentes unos tlaxcaltecas, y también una mujer que se decía María de Estrada, que no teníamos otra mujer de Castilla en México sino aquella, y que las escaparon y salieron primero de los puentes fueron hijos de Xicotenga, hermanos de doña Luisa.

Margarita Cossich Vielman, arqueóloga e investigadora guatemalteca, profundiza sobre el destino de Tecuelhuétzin aquella noche:

> Cortés había alcanzado el otro lado [de Tlacopan], pero sin Malintzin. En la retaguardia venía Pedro de Alvarado herido, portando una lanza, sin su yegua y, lo más importante, sin Tecuelhuétzin [...].
>
> Cientos de personas murieron en este evento. Bernal Díaz del Castillo refiere en su *Historia verdadera sobre la conquista* acerca de la enorme

> felicidad que sintió el ejército aliado al ver llegar al final de la huida a Malintzin, a Tecuelhuétzin y a María Estrada [mujer soldado española], escoltadas por unos tlaxcaltecas [...].
>
> Las parejas regresaron exhaustas a Tlaxcala, al frente del ejército aliado vencido. Al llegar a su destino se encontraron con la sorpresa de que la viruela había ya infectado a varios pobladores de Tlaxcala.

Doña Luisa vivió en carne propia los principales acontecimientos de esa nueva guerra contra sus eternos rivales, como aliada del más combativo soldado de las huestes hispanas. Los tlaxcaltecas guiaron a Pedro de Alvarado, a Tecuelhuétzin y al resto del ejército para reorganizar el golpe final contra los mexicas, quienes no dejaron de perseguirlos hasta los confines de su territorio.

Las mujeres tlaxcaltecas cocinaban, curaban a los heridos, lavaban ropa. Las niñas y los niños también ayudaban a cargar y a procurar el alimento de los combatientes.

El 7 de julio de 1520, el ejército hispanotlaxcalteca venció estratégicamente al vastísimo ejército encabezado por el enardecido Cuitláhuac, hermano del anterior tlatoani Moctezuma. Dicha victoria se debió al astuto movimiento de los tlaxcaltecas tras derribar el místico y emblemático pendón de guerra, bajo el cual peleaban los mexicas. La importante victoria les dio el tiempo suficiente para diseñar el siguiente paso: la construcción de un arma novedosa y letal.

Bajo las órdenes del maestro carpintero Martín López, las manos artesanales de decenas de tlaxcaltecas construyeron la flotilla de los trece bergantines con la que atacarían, ahora por agua, a México-Tenochtitlan. Estos estaban hechos en un improvisado pero muy eficaz astillero, con la madera de pino y encino cortada de los bosques de la cercana sierra, y los pertrechos traídos desde Veracruz que pertenecían a los barcos hundidos en los que llegaron al continente.

En Tenochtitlan, los tlaxcaltecas consiguieron infligir sobre sus enemigos el infierno en la Tierra: tres meses duró el brutal sitio que armaron sobre los mexicas. Aunada a la hambruna por el cerco, la peste de la viruela —traída a Tenochtitlan por uno de los hombres de la expedición de Pánfilo de Narváez— azotó inmisericorde a miles de hombres, mujeres y niños mexicas hasta matarlos.

La hecatombe concluyó el 13 de agosto de 1521 cuando Hernán Cortés, Pedro de Alvarado y el resto de sus capitanes, junto a quince mil tlaxcaltecas y cientos de indígenas aliados, destruyeron la ciudad y su centro ceremonial, tras una lucha naval encarnizada con los minados mexicas. Finalmente, detuvieron la canoa donde viajaba Cuauhtémoc, el último huey tlatoani, el último hombre de aquella estirpe que cayó prisionero.

Tras casi doscientos años de poderío y grandeza de aquel brillantísimo Imperio, la alianza hispano-tlaxcalteca lo enterró para la eternidad en las páginas de la Historia. A tal poderío, aquellos quienes lo padecieron a sangre y fuego le asestaron el mortal impacto.

Durante varios meses, doña Luisa y Pedro de Alvarado recuperaron fuerzas en Tlaxcala junto con el resto de los sobrevivientes. La lealtad, valentía y bravura de doña Luisa fue muy apreciada por todos, según consta en las crónicas.

Casi dos años habían pasado de los matrimonios entre Luisa y las demás mujeres tlaxcaltecas con los españoles, quienes, al igual que Malintzin para Hernán Cortés, resultaron de grandísima valía para los demás capitanes. Fueron sus parejas, sus mujeres.

Ellas, al ser habilidosas e inteligentes, al aprender el idioma de sus compañeros para comunicarse con ellos, se convirtieron en sus indispensables traductoras e intérpretes. Fueron sus salvoconductos para comprender el mundo mesoamericano a través de sus imprescindibles miradas y palabras. No solo tradujeron e interpretaron; también planificaron estrategias y lideraron ejércitos en náhuatl y español, pues ninguno de los capitanes había aprendido a hablar en náhuatl. Fueron

guerreras que intervinieron luchando junto con ellos en la batalla del lago de Texcoco.

El *Lienzo de Tlaxcala* recogió sus hazañas. La gran mayoría de los relatos de estos hechos las relegó al segundo plano de la Historia, cuando, en realidad, estuvieron en el primerísimo escenario como centrales protagonistas; en los detallados dibujos se aprecia su participación y su liderazgo. En primer plano, dentro de los bergantines, al lado de varios guerreros, se aprecian sosteniendo escudos, extendiendo la mano en señal de voz de mando, en señal de estar hablando, de estar girando indicaciones a sus ejércitos. Por los cuatro frentes ordenados por Cortés, a las huestes de sus principales hombres, ellas estaban al lado. Tecuelhuétzin se ve uniendo esfuerzos de guerra con Pedro de Alvarado; Tolquequetzaltzin, con Gonzalo de Sandoval; Zancuancózcatl, con Cristóbal de Olid; y Malintzin, con Hernán Cortés.

La veracidad del *Lienzo de Tlaxcala* en ocasiones ha sido cuestionada por tratarse de la versión que los mismos tlaxcaltecas quisieron establecer —y enaltecer— sobre su participación en la guerra de conquista. Pero se trata de su voz, la voz de quienes también lucharon esa guerra y que son parte de la misma historia: la de un pueblo distinto al mexica o al español, que lo vivió y sufrió en carne propia. Cuenta con la veracidad de sus nombres, padres, raíces y motivaciones; de sus vidas. No son anónimos ni deben serlo. Como tampoco deberían ser anónimas las mujeres que asistieron a ese momento de nuestro nacimiento como nación, visibilizadas e inmortalizadas en el magnífico documento sobre sus hazañas.

Interminables conquistas. Santiago de los Caballeros de Guatemala

Dos años después, el 6 de diciembre de 1523, en indivisible compañía, nuevamente doña Luisa y Pedro de Alvarado partieron juntos hacia

Tehuantepec, después de que Cortés comisionara al avezado capitán para conducir otra campaña más al sur del nuevo territorio conquistado, en dirección a la actual Guatemala, El Salvador y Honduras.

El adelantado marchó entonces con una fuerza auxiliar de cientos de guerreros tlaxcaltecas, e incluso mexicas, que tomaron parte en la conquista. Todos ellos poblaron y dejaron descendencia en Guatemala.

Durante el largo trayecto, doña Luisa se convirtió en madre. Su hijo Pedro, llamado como su padre, nació en Tututepec, Oaxaca, en 1522. Y Leonor, su segunda hija, fue llamada así en honor de la madre de Alvarado, nació en territorio guatemalteco, en marzo de 1524. En ambos partos, la comitiva se estacionó por órdenes del conquistador, como deferencia al avanzado estado de doña Luisa y muestra del vínculo afectivo que sentía por ella y su nueva familia.

Ese mismo año y en tosco contraste, inició la Conquista de Quauhtemallan, como denominaron los mexicas en náhuatl a ese territorio maya. Alvarado siguió en Guatemala la misma táctica que Cortés en México: aprovechó las rivalidades entre los pueblos indígenas de tradición maya —kaqchikeles, quichés y quauhquecholtecas— para aliarse con unos y destruir a los otros.

En férrea unión con sus aliados tlaxcaltecas, Pedro de Alvarado estableció la primera capital (más un campamento militar) en las afueras de Iximché, capital de los kaqchikeles. La llamó Santiago de los Caballeros de Guatemala, debido a que ocurrió el 25 de julio de 1524, día del Santo Patrono Santiago. La extrema violencia y los constantes malos tratos del conquistador y su ejército ahuyentaron a los indígenas hacia la sierra, donde iniciaron la construcción de un segundo asentamiento, ahora, en el Valle de Almolonga.

Con la ayuda de su hermano Jorge de Alvarado y cinco mil guerreros quauhquecholtecas, el 22 de noviembre de 1527, en las faldas del volcán de Agua, se fundó la segunda ciudad de Santiago de los Caballeros de Guatemala (hoy, la Ciudad Vieja). Es en esta población exuberante,

rodeada de imponentes volcanes activos y terremotos, donde nacía la Capitanía de Guatemala, en la que vivió doña Luisa con su hija Leonor Alvarado Xicoténcatl, quien se había convertido ya en la niña de los ojos de su padre. La educó como a una niña española de la nobleza, linaje que heredaba de Tecuelhuétzin como princesa tlaxcalteca. Madre e hija fueron también inseparables. De su hijo Pedro no se supo nada más, solo que un día partió a España y no llegó nunca a buen puerto. No se sabe si el barco naufragó o fue hecho prisionero por los moros.

Pedro de Alvarado cedió a su hermano Jorge la administración de la ciudad para continuar conquistando territorios desde El Salvador hasta Perú. Frailes dominicos arribaron entonces a Guatemala, como fray Bartolomé de las Casas y Domingo de Betanzos, para concretar la evangelización de los naturales, asentados en los pueblos de indios.

A pesar de su cercanía con doña Luisa, Alvarado se casó en 1527 con la española Francisca de la Cueva, recién llegada a Guatemala, que murió un año después en Veracruz por causas misteriosas. En 1528, se casó por segunda vez con Beatriz de la Cueva —hermana de su difunta esposa Francisca—, quien sería su última esposa.

Aunque doña Luisa no fue esposa de Alvarado por ley, sino por el temprano ritual de la Conquista, sí gozó de ser la importante compañera del conquistador, alcanzando gran respeto en la naciente sociedad virreinal guatemalteca. Unos meses después de regresar de la expedición a Perú al lado del capitán, en 1537, la aguerrida Tecuelhuétzin murió a sus treinta y seis años, en casa de su hija Leonor, en Santiago de los Caballeros, Ciudad Vieja de Guatemala, a miles de kilómetros de su natal terruño tlaxcalteca. Fue Francisco de Marroquín, el primer obispo, quien la enterró con gran honor en la catedral de Ciudad Vieja, aquella ciudad que cofundó con Pedro de Alvarado, tras la trepidante aventura de su vida.

El temerario Pedro de Alvarado murió cuatro años después que Tecuelhuétzin, el 4 de julio de 1541, debido a las heridas causadas en un accidente de caballo, en el Peñol de Nochistlán, Nueva Galicia. Su entonces esposa, Beatriz de la Cueva, al enterarse del fallecimiento, mandó pintar el palacio de negro, tras varios días llorando inconsolablemente. El 9 de septiembre de 1541, ella fue designada como gobernadora de Guatemala, firmando en privado con el nombre de «la Sin ventura doña Beatriz», vaticinando su propio destino, pues una tragedia de mayor magnitud terminaría con su sufrimiento tan solo cuarenta horas después de gobernar en el cargo.

Una gran tormenta, posiblemente acompañada de un terremoto, hizo bajar una riada de agua y lodo de la ladera del volcán de Agua, causando la destrucción de la joven capital guatemalteca y la muerte de la desafortunada Beatriz.

Nobleza que se hereda

Al final del largo y aciago camino de la noble tlaxcalteca y el arrojado conquistador, en otro inesperado giro del destino, tras la muerte de Alvarado y la destrucción de la Ciudad Vieja, su hija Leonor trasladó sus criptas a la nueva ciudad de Antigua Guatemala, en la Catedral de Santiago de los Caballeros de Guatemala, donde ahora descansan juntos para la eternidad los restos mortales de sus padres Luisa Xicoténcatl y Pedro de Alvarado. Luego se unieron a ellos los restos de su hija Leonor Alvarado Xicoténcatl y los de la segunda esposa de Alvarado, Beatriz de la Cueva. También junto a ellos, reposan los restos de su contemporáneo en esa épica historia, Bernal Díaz del Castillo.

La importancia de las mujeres en la sociedad virreinal, como la de doña Luisa Xicoténcatl y su hija, doña Leonor Alvarado Xicoténcatl, también provenía de los méritos y las cualidades de sus antepasados, además de su papel fundacional en la historia de Tlaxcala, Nueva España y Guatemala. Descender de la nobleza indígena y de los

conquistadores les permitió tener una mejor posición en ese mundo beligerante, con derechos derivados para su linaje.

Fueron reverenciadas por sus comunidades y estimadas por las Leyes de Indias, cuya consideración especial les hacía obtener las mismas prerrogativas que los caciques hombres. Estas mujeres fueron piezas clave en la prolongación de su alcurnia, a través de ellas y de sus hijos; fueron un mecanismo de transmisión de la propiedad de generación en generación. Las llamaron «Señoras de pueblos indios», que la Corona percibió con buenos ojos por ser elementos de integración social. Leonor encarnó tales privilegios a lo largo de su vida, pues fue distinguida tanto por mesoamericanos como por españoles, y quedó exenta del pago de tributos virreinales, al igual que recibía los propios de sus territorios.

En ese sentido, Leonor tuvo mejor suerte al fundirse en el Nuevo Mundo a través del mestizaje. El linaje de su madre, de su pueblo, le correría por siempre en las venas, como a todos nosotros, descendientes de ese mestizaje de indígenas y españoles, encarnado en Luisa Xicoténcatl y en millones de otras mujeres y de otros hombres en México y en Centroamérica.

La vida de Tecuelhuétzin, de doña Luisa Xicoténcatl, nos muestra completa la historia de Tlaxcala, nuestra historia, sin mitos ni leyendas negras de supuestas traiciones que únicamente abonan a la ignorancia de nuestro diverso origen nacional. La alianza de Tlaxcala con los españoles y el temprano mestizaje en el que se fundieron les valió el trato como iguales.

Mantuvieron un gobierno autónomo, títulos nobiliarios y la exención de ciertos impuestos que dependían directamente del rey de España y no del virrey de Nueva España. Tlaxcala recibió el Escudo Real el 22 de abril de 1535. Felipe II le otorgó, el 25 de abril de 1563, el título de «Muy noble y muy leal ciudad de Tlaxcala». Por la estirpe de la que provenía Tecuelhuétzin, es, desde hace casi cien años, «Tlaxcala de Xicoténcatl».

Francisca Núñez de Carvajal

Asir el corazón a una creencia. El arraigo a lo propio

Mogadorio, Reino de Portugal, c. 1541 - Ciudad de México, Virreinato de Nueva España, 8 de diciembre de 1596

A pesar de la prohibición de que judíos y musulmanes
se embarcaran a tierras americanas,
el cumplimiento a la ley encontró siempre resquicios en los que
el soborno, la necesidad, el compadrazgo o la astucia
jugaron a favor de aquellos que soñaron que el océano
pondría cómoda distancia con sus perseguidores.
Y el tiempo le mostraría cuán equivocados estaban.

ÚRSULA CAMBA LUDLOW,

PERSECUCIÓN Y MODORRA. LA INQUISICIÓN EN LA NUEVA ESPAÑA

Cien metros lineales de expedientes, clasificados bajo el ramo «Riva Palacio Inquisición» y resguardados en las bóvedas del Archivo General de la Nación, reúnen con un detalle escalofriante la historia del suplicio y trágico destino que sufrió la familia Carvajal. Dicha historia es narrada a lo largo de los dos juicios que emprendió en su contra el Tribunal del Santo Oficio de la Inquisición de Nueva España, a finales del siglo XVI.

El testimonio está constituido por más de mil quinientos volúmenes con miles de hojas en su interior sobre esta familia —la de Francisca Núñez de Carvajal, conformada por sus nueve hijos, su esposo y su hermano— y otras más que llegaron llenas de esperanza desde España y Portugal al Nuevo Mundo y que no escaparon de la persecución y condena por tener una fe distinta a la católica.

En la era del creciente Imperio español, desde la reconquista emprendida un siglo atrás por los Reyes Católicos, profesar una religión distinta a la católica en cualquiera de sus reinos era una herejía, un grave delito. Con más recelo aún se cuidaba la fe en los novísimos territorios americanos, considerados la auténtica «joya de la Corona», por su gigantesca extensión y riqueza.

Francisca y su familia habían sido judíos por generaciones. Aunque en público eran cristianos conversos, practicaban en secreto los ritos de la Ley de Moisés, con absoluta discreción y cuidado dentro del seno de su vida privada. En el último tercio del siglo XVI, algunos portugueses y españoles judaizantes recién llegados a la Nueva España —como los Carvajal, a pesar de su aparente conversión— no escaparon a los ojos del Tribunal, ya porque fueron delatados o porque intentaron convertir a su fe a vecinos y conocidos.

Ni el más mínimo detalle de esos rituales «criptojudíos» habría de escapársele al implacable Tribunal del Santo Oficio. La herejía era considerada un gravísimo crimen en contra de un elemento de cohesión social, bastión del Imperio español: el catolicismo. No existió tolerancia alguna. El castigo por la que consideraban una grave falta a sus leyes se imponía con gran dureza; incluso los desdichados acusados que persistieron en su «falta» pagaron con sus vidas. Varios integrantes de la familia Carvajal, trágicamente, así lo hicieron.

El mayor temor de Francisca Núñez de Carvajal se hizo realidad, aunque recorrió un larguísimo camino para evitarlo, desde su natal Mogadorio, Portugal, hasta la ciudad de México. A pesar del éxodo por distintas ciudades, pueblos, reinos, mundos y continentes, ella y su familia recibieron un cruel castigo por haberse aferrado secretamente a eso que era tan suyo: la fe en la religión judía, en las Leyes de Moisés. En esos tiempos de cerrazón y fronteras de pensamiento inexpugnables, la religión fue motivo de intolerancia y guerra. Motivo para vivir, motivo para morir.

Francisca, seguramente, temía en el fondo de su alma que su vida terminara en las cárceles de la Perpetua, en los tormentos de los interrogatorios o en las aterradoras flamas de una pira de la Inquisición, en el sitio que fuera, dentro del muy católico reino de España, en el que parecía no haber lugar seguro para ella, sus creencias y las de su familia.

Y, sin embargo, a pesar de sus temores y por el valor de sus convicciones, pensó que valía la pena intentarlo.

La Inquisición en España y Portugal. El comienzo de la persecución

La existencia de la Inquisición en España fue distinta a la del resto de otras regiones de Europa, aún más en el caso americano. Si bien la cultura popular ha elevado a grados insospechados la oscura y tenebrosa leyenda de esta infame institución en la Nueva España —sin el ánimo de justificar la crueldad de sus acciones, impensables el día de hoy—, consideremos que su existencia estuvo inscrita en un muy particular contexto político y cultural prevaleciente en esos tiempos.

Sus orígenes se remontan a la Europa de la Edad Media. En el siglo IV, una vez que el cristianismo se consolidó y diseminó por todos los rincones del continente, surgieron diferentes interpretaciones de sus textos sagrados. La palabra *hereje* proviene del griego *haíresis* que significa «opinión» o «toma de posición». Filosofar con los dogmas y preceptos de su fundación y doctrina se contrapuso con la verdad absoluta y a rajatabla que la Iglesia exigía sobre estos, pues consideraba un error las opiniones de esos «herejes». En palabras de la historiadora especialista en Inquisición novohispana, Úrsula Camba: «Comenzaron a surgir una serie de herejías, es decir, interpretaciones de la religión, alejadas de la ortodoxia que buscaba conservar el papado; grandes cantidades de grupos religiosos, llamados sectas, que interpretaban y profesaban el cristianismo con diversas variantes».

Camba explica en su libro *Persecución y modorra* que la expansión de dichas sectas había sido vertiginosa. Por esa razón, la Iglesia encomendó a los obispos que realizaran visitas a los pueblos y las comunidades más remotos de sus diócesis, con el fin de verificar que los fieles practicaran sus deberes religiosos cabalmente. Era entonces obligación

de los religiosos averiguar, buscar, indagar, descubrir e *inquirir* si se escondía herejía alguna. De ahí proviene el término *inquisidor*. Se pensaba que la herejía se velaba de forma natural, por lo que era preciso encontrarla, «aunque hubiese que escudriñar en lo más profundo de los corazones».

En el año 1163, sin mucha eficacia, el papa Alejandro III mandó exprofeso a emisarios a sancionar tales prácticas. Estos pertenecían a las órdenes mendicantes, es decir, congregaciones de frailes del llamado clero regular, que, mediante votos de pobreza, predicaban el Evangelio y la doctrina católica, teniendo como único sustento económico las limosnas de los feligreses. Es a ellos a quienes correspondió la inquisidora función a partir del siglo XIII. Por su parte, el clero secular se diferenciaba de estas órdenes en que arzobispos, obispos y sacerdotes se organizaban bajo la jerarquía directa del papado y no bajo las reglas —de ahí lo *regular*— de las propias congregaciones.

Es así que recayó la persecutora encomienda en manos de frailes franciscanos y dominicos, apoyados en los también recién establecidos tribunales que castigaban las herejías de manera sistemática. Sobresale la exacerbada labor de los dominicos de guardar y defender la pureza de la fe, como su mismo nombre lo indica: *Domini cani*, es decir, «los perros de Dios». El 20 de abril de 1233, el papa Gregorio IX entregó el poder inquisitorial a la rígida orden dominica.

Aunque se tiene por sentado que fue en España donde se estableció por primera vez la «Santa» Inquisición, como se autonombró por su cruzada religiosa, no fue así. Se instituyó en la Francia del rey santo, san Luis, en el siglo XIII. En España se estableció hasta 1480, esparciéndose como pólvora al resto de Europa, con la creación de otros tribunales en Bohemia, Alemania, Polonia, y también Portugal, la tierra que vería nacer a Francisca Núñez de Carvajal sesenta años después. Miles de personas en esas regiones padecieron su escrutinio y su persecución. Sufrieron los tormentos, los despiadados castigos, las inenarrables torturas y la pena de muerte. Todo ello bajo el temible brazo de su intolerancia, de una obstinada búsqueda por extirpar tal «herejía» mediante pavorosos juicios en los tribunales del Santo Oficio. Bajo el contradictorio argumento de defender, por sobre todas las cosas, el Evangelio de Jesucristo, la maquinaria de horror y muerte perpetrados en nombre de la fe que predicaba el amor al prójimo se había echado a andar vigorosamente.

Los motivos políticos y gubernamentales pronto nutrieron fervorosos buena parte de la infame institución. Durante siglos y en relativa concordia, en la península ibérica habían convivido musulmanes y judíos. Conservaban sus rituales, costumbres culturales y religiosas, y los tejían estrechamente con la vida cotidiana del resto de sus compatriotas españoles y portugueses. Pero llegó el día en que ya no eran vistos como iguales. Se convirtieron en enemigos de esa cristiandad con la que se buscaba ahora cohesión e identidad nacionales. Los Reyes Católicos, Isabel de Castilla y Fernando de Aragón promulgaron en 1492 el decreto por el cual se expulsaba de sus territorios a todos los musulmanes y judíos, en el marco de la Reconquista y la unión del Reino de España (justamente por su férrea lucha del estandarte religioso a nivel de Estado).

El Estado moderno español nacía con la religión católica desde el centro de sus entrañas. Tras quince siglos de vivir en tierras ibéricas, la vida de los judíos españoles, o comunidad sefardí, cambiaría para siempre. No fue posible negociación alguna para los sefarditas. El veredicto de los Reyes Católicos fue el exilio o la conversión al cristianismo, prácticamente de un día para el otro. La comunidad se enteró de su gravísima situación en mayo de 1492; a finales de julio de ese mismo año, debía cumplir con su destino. Tras el edicto de expulsión, miles de judíos abandonaron sus negocios y posesiones para no renunciar a su religión. No solo abandonarían el terruño: si no se convertían, debían irse sin nada. Atrás dejaron sus casas, carruajes,

animales, cosechas, enseres de trabajo, armas, pólvora, oro, plata, mercancías, telas, joyas, muebles… todo cuanto poseían. Incluso las familias que huyeron a Portugal tuvieron que pagar al rey un ducado por persona y entregar la cuarta parte de sus pertenencias provenientes de España.

Ante el desolador exilio, miles eligieron el camino de la conversión sincera. Durante tres meses pudieron presentar las indispensables actas de bautizo para que sus medios de sustento y propiedades les fueran devueltos. El impacto en sus vidas fue tan brutal que otros miles, los llamados «criptojudíos», únicamente fingieron abrazar la fe cristiana para evitar el despojo y el exilio. Así, en secreto y a puerta cerrada, practicaban la Ley de Moisés, es decir, la religión judaica, con sus ritos y prohibiciones. Costumbres milenarias como el casarse entre ellos para preservar la sangre y el linaje; la circuncisión; el ayuno en fiestas religiosas; la celebración de la Pascua judía; el guardar el *shabbat* desde la puesta del sol de los viernes hasta la puesta del sol de los sábados; bañarse frecuentemente; lavar a sus muertos y amortajarlos en paños limpios; respetar el duelo por la muerte de un familiar, rasgándose las vestiduras y permaneciendo sentado en el suelo sin prender fuego ni cocinar por siete días. Tampoco comían la carne de animales de pezuña hendida, ni carne de cerdo y sus derivados, como la manteca —preferían usar aceite de oliva—, el jamón, el chorizo y el tocino. No comían morcilla y desangraban en su totalidad cualquier carne antes de cocinarla. Entre muchas otras costumbres que, al practicarlas, en numerosas ocasiones los delataban.

El escenario de la persecución religiosa se exacerbaría aún más. El catolicismo en Europa se cimbró de raíz por el cisma del protestantismo. La Iglesia enfrentó los nuevos, poderosos y muy populares cuestionamientos de reformistas como Martín Lutero y Juan Calvino, que terminaron por fracturarla. Es así como la existencia del Tribunal del Santo Oficio de la Inquisición tomó sus dos grandes banderas: la persecución de los delitos que atentaran tanto contra la ortodoxia católica cristiana como contra la pureza de la fe. Otras creencias o dogmas no serían tolerados. Ni protestantes, ni musulmanes, ni judíos, ni mucho menos falsos conversos serían tolerados. La familia sefardita de Francisca Núñez de Carvajal tomó el camino de los judeoconversos antes de que ella naciera. Dicho camino trazó para siempre su destino y el de su estirpe hacia su inevitable y trágico final en la Nueva España.

El ir y venir. Prohibido ser quien eres

Los padres de Francisca, Gaspar Núñez de Carvajal y Catalina de León, se conocieron en Portugal. Ambas familias pertenecían a aquellas que, por el decreto de los Reyes Católicos, salieron de Castilla y buscaron vivir con mayor tranquilidad en el reino lusitano. Sin embargo, no fue así. Tras casarse en una ansiada unión ibérica, Isabel de Castilla y Aragón, la hija de Isabel y Fernando, junto con Manuel I, rey de Portugal, impusieron la conversión forzosa en sus dominios hacia finales del siglo XV. La Inquisición tampoco tardó en llegar. Unas décadas después, en 1536, ejercía ya plenas funciones. El matrimonio de Gaspar y Catalina se estableció, temeroso, en la llamada raya de Portugal, en la provincia fronteriza de Trás-os-Montes, en la villa de Mogadorio. Es aquí donde nació Francisca, en 1541, siendo la única mujer entre los hijos de los Núñez. Sus hermanos Antonio, Domingo y Luis eran mayores que ella.

Tras una aparentemente tranquila vida cristiana, la situación persecutoria en el territorio luso obligó a la familia a cambiar nuevamente de residencia al reino de León, a ciento treinta kilómetros a pie de su natal aldea, esta vez en la pequeña villa de Benavente, provincia de Zamora, lejos de los minuciosos controles que ejercía el Santo Oficio en las grandes ciudades. Debían tener cautela. Aunque su hermano Luis vivía como cristiano y desde muy joven trabajaba al servicio del conde de Benavente, como hijos de los Núñez les inculcaron desde muy niños la ley de sus ancestros, la Ley de Moisés. A pesar de que la familia era conversa, a pesar del gran peligro que eso significaba, sus padres cultivaron sus almas bajo la religión judía.

Los años de infancia de Francisca transcurrieron bajo la clandestinidad de sus creencias y las actividades cotidianas que su familia realizaba en la población zamorana. Siendo aún muy niña, vivió con unos familiares en Lisboa. Pero sus vidas darían un vuelco en 1549: cuando Francisca tenía ocho años, murió don Gaspar, su padre. Un hermano de su madre, su tío Duarte de León, llevó a su aún muy joven hermano Luis a la colonia africana de Guinea, donde los mercaderes conversos controlaban el tráfico de esclavos.

Sobre la paradoja del brutal y muy rentable negocio esclavista que los portugueses —por medio de bula papal—, practicaron por siglos, el investigador de la Academia Mexicana de la Historia, Antonio Rubial, apunta: «En un Portugal que afianzaba sus territorios coloniales en África y en Asia, los jóvenes de origen judío podían amasar enormes fortunas bajo el amparo de una Corona que, por un lado, perseguía a los practicantes, pero también se aprovechaba del espíritu emprendedor de quienes, o al menos en apariencia, se habían vuelto cristianos».

El ánimo aventurero de su hermano Luis despertaba. Con el pasar de los años, se convirtió en el importantísimo personaje que habría de cambiarles la vida a todos los Carvajal, llevándolos a buscar fortuna en Nueva España, esa tierra nueva que parecía ser el santuario prometido que pondría fin a sus desdichas. El hermano mayor de Francisca se convirtió con el tiempo en don Luis de Carvajal y de la Cueva, también conocido en la Historia como Luis de Carvajal el Viejo, para diferenciarlo de su sobrino, Luis de Carvajal el Mozo. El Viejo fue un poderoso y rico personaje comisionado por la Corona española para colonizar una extensa región al norte del territorio novohispano, el inmenso

Nuevo Reino de León. La suerte, para bien y para mal, empezaba a jugar sus dados.

Mientras el mundo se abría vertiginoso entre mares y océanos, en la era de las grandes aventuras y las inimaginables conquistas, el mundo de Francisca Núñez de Carvajal, por el contrario, debía cerrarse más. Alrededor de 1555, con aproximadamente quince años, contrajo matrimonio con Francisco Rodríguez de Matos, otro joven converso. La fe bajo la cual formaron una familia permaneció en secreto. Tuvieron nueve hijos a lo largo de las dos décadas que residieron en el condado de Benavente. Ante la vista pública, Francisco también prestaba sus servicios al conde y cumplía con el pago del diezmo que, por la venta de sus mercancías, debía pagar al rey. Sin embargo, a puerta cerrada era un ferviente judío. Él y su esposa enseñaron, con empeño y dedicación, sus creencias religiosas a cada uno de sus nueve hijos: Gaspar, Baltasar, Isabel, Catalina, Luis, Mariana, Leonor, Anica y Miguel, nacidos entre 1559 y 1580. Ambos trasmitieron a sus hijos ser fieles a sus raíces, honraban su religión en medio del sefardismo, es decir, en medio de todo aquello que, siendo judíos, aportaban y recibían de la cultura española. La palabra *Sefarad* significa «España» en hebreo.

Aunque habían asimilado formas y modos ibéricos, su identidad, su profunda y verdadera fidelidad radicaba en la historia de su fe, no en un lugar geográfico en específico. Con absoluta tenacidad y arduo trabajo, lograron formar parte de una pujante sociedad mercantil. Eran dueños de prósperos negocios, de naos y galeones que, a través de diversas rutas comerciales, llenaban de mercancías y productos todos los rincones del mundo, por mar y por tierra. Su aportación económica fue siempre más que evidente.

Corrían tiempos de aventuras, emprendimientos, comercio e intercambios culturales, de grandes fortunas y de un sinfín de maravillas, pero también de intolerancia, de cerrazón y de muerte. Ese fue el tiempo que le tocó vivir a la familia Carvajal. Así continuaron su eterno

peregrinar. Tras su larga estancia en Benavente, tuvieron que trasladarse a la ciudad de Medina del Campo. Gaspar, el hijo mayor, ya había partido a estudiar a Salamanca, donde se integró a la vida cristiana e incluso buscó profesar en alguna orden religiosa. Al no lograrlo, partió hacia América en 1576. El resto de la familia se asentó en Medina del Campo en 1578, lugar en que nacieron los hijos más pequeños. Isabel también abandonó la casa materna cuando se casó con Gabriel de Herrera y partieron a Astorga.

Antonio Rubial detalla esa vida cotidiana de los Carvajal, siendo Francisca, la matriarca, la columna vertebral de su sistema de vida y creencias:

> Al igual que sus padres, Francisca y Francisco vivieron su fe judía en la clandestinidad, aprendieron a cumplir con las celebraciones cristianas, bautizaron a sus hijos con nombres de santos y no mandaron circuncidar a los varones. Con el continuo temor de ser denunciados a la Inquisición, la familia realizaba ocultamente los ayunos rituales, evitaba comer los alimentos prohibidos y cumplía con las oraciones del viernes y el descanso del sábado. Al no tener dirigentes religiosos ni lugares de culto, la fidelidad de la Ley de Moisés debía guardarse dentro del ámbito doméstico y por ello las mujeres tenían un papel muy importante en la conservación de sus tradiciones. Francisca aprendió de su madre las bendiciones y oraciones en portugués, lengua que se hablaba en la familia, pues, salvo algunas fórmulas rituales, el hebreo era ya desconocido para ellos. Francisca y su marido también transmitieron esas prácticas a sus hijos e hijas mayores, a quienes enseñaron a leer y a escribir sin distinción de género.

En un vuelco del destino, el hermano mayor de Francisca, don Luis de Carvajal y de la Cueva —ya había adquirido ese ilustre nombre—, tras ir sus negocios viento en popa, regresó triunfante a Medina del Campo para hacerle una irresistible propuesta a su hermana menor, a quien no

había visto por décadas. Acababa de recibir de manos del rey Felipe II, el 14 de julio de 1579, la histórica capitulación que le concedía el privilegio de

> pacificar doscientas leguas de longitud por otras tantas de latitud, en los países que descubriera, que llevaría en lo sucesivo el nombre del Nuevo Reino de León. Se le nombraba gobernador y capitán general de dicho territorio por sus días y los de un heredero que, por carecer de descendientes, a su muerte designara, y se autorizaba para traer de España más de cien vecinos, casados o solteros, destinados a poblar su gobernación, sin exigírsele, como prevenían las leyes, las pruebas de que eran cristianos viejos.

Cinco años tenía el nuevo gobernador para recorrer el territorio, encontrar minas, establecer presidios y misiones para evangelizar a los indígenas, fundar poblados, trazar rutas y caminos, así como establecer nuevos puertos en las costas del Golfo de México.

Luis los invitó entonces a formar parte de esas familias colonizadoras: les propuso a su hermana y a su familia fundar villas y ciudades en desconocidas pero promisorias tierras, en la mítica y dorada Nueva España. Para los Rodríguez de Carvajal, si bien asoladas por fieros indígenas chichimecas, las agrestes y lejanísimas regiones representaban la posibilidad de un nuevo comienzo, uno donde no tuvieran miedo a persecuciones inquisidoras, donde poder entregarse libremente a la práctica de su religión y educar en ella a sus hijos. Francisca y su esposo aceptaron, cegados por la esperanza, pero la realidad les abriría los ojos de la peor de las formas.

Cruzar el océano hacia las Indias

Don Luis de Carvajal y de la Cueva, por su gran experiencia, no solo se comprometió a pacificar y poblar el inmenso territorio de setenta millones de hectáreas —el cual comprende los actuales estados de

Nuevo León, Tamaulipas y Coahuila, casi todo Zacatecas y Durango y partes de San Luis Potosí, Nayarit, Sinaloa, Chihuahua y Texas—, sino que lo haría bajo el precepto primordial de Felipe II: la limpieza de sangre de esos pobladores mediante probanzas o acreditación de que no eran descendientes de conversos musulmanes o judíos. Felipe II creyó firmemente que la lucha contra la herejía, dentro y fuera de la monarquía hispánica, garantizaba la seguridad interior y exterior de sus dominios. Únicamente las familias de cristianos viejos tendrían permiso de trasladarse al Nuevo Mundo, para así impedir que moros y judaizantes llevaran sus creencias a los naturales del lugar. No obstante, eso no se cumplió.

A pesar de ser un cristiano completamente converso —y convencido—, y de gozar del privilegio excepcional de no exigírseles el salvoconducto de la prueba de sangre a sus acompañantes, cientos de ellos eran judaizantes. La recién recuperada y numerosa familia de don Luis lo era también. Debió de sospecharlo. Seguramente aprovechó el amplio permiso para salvar a amigos y familiares de escrutinios y persecuciones, por el momento.

Al ser las Indias la tierra prometida, Francisca estaba por iniciar la gran empresa de cruzar el pavoroso océano Atlántico, con todo el riesgo, incomodidades y vicisitudes propios de los viajes en barco a finales del siglo XVI. Resuelta la disyuntiva de emigrar a la Nueva España, en lugar de hacerlo a Ferrara, Italia o Francia, los Rodríguez de Carvajal apostaron su suerte a la empresa novohispana que les ofreció don Luis. Con cuarenta años, todo lo que poseía, su inquebrantable convicción y su familia entera, Francisca salió de Medina del Campo los primeros días de mayo de 1580, para no volver jamás al terruño que la vio nacer.

Alicia Gojman Goldberg, historiadora mexicana especialista en Historia de la presencia judía en México, en su tesis *Los conversos en la Nueva España*, define certeramente el motivo por el cual los judíos conversos mantuvieron su culto con tal vehemencia a su llegada al Nuevo Mundo:

> El año 1492, con la expulsión de los judíos de la dorada España, significó una catástrofe que sacudió toda alma judía de aquella época y sus repercusiones se hicieron sentir por espacio de varios siglos subsecuentes. A raíz de ello surgieron dos fuerzas para explicarla: la Cabalá y el sentimiento mesiánico. El judío se empezó a cuestionar el porqué de sus sufrimientos, de su expulsión. ¿Qué fue lo que lo condujo a eso? Buscaron respuestas en ideas místicas y en sus símbolos. Entre los conversos la idea de redención se arraigó en ellos de inmediato: está ordenado que el rey Mesías debe llevar las vestimentas de un Marrano [judío converso coloquialmente] y de esa forma andar entre sus correligionarios judíos sin ser reconocido. En una palabra, está ordenado que él sea un marrano como yo. El ser converso nunca fue para el judío un impedimento para retornar a su antigua religión y, menos ahora, que su situación ayudaría a traer al Redentor al mundo. Esta doctrina de un Mesías apóstata sirvió para mantener el espíritu de los criptojudíos.

Desde 1562, don Luis se estableció en la poderosa y próspera Sevilla, desde donde comerciaba con vinos y granos al Nuevo Mundo. Ahí se casó con Guiomar Núñez de Ribera, criptojudía portuguesa oriunda de Lisboa. No eran un matrimonio bien avenido desde hacía tiempo. Las largas separaciones, el hecho de no haber tenido hijos y su discrepancia religiosa fueron motivos suficientes para descarrilar la relación.

En su parada en Sevilla, don Luis juntó el inmenso capital necesario para su expedición con varios socios que se unieron al proyecto. Además, invirtió todas sus ganancias tras más de una década de hacer negocios con Nueva España.

Los Rodríguez de Carvajal conocieron en esa ocasión a Guiomar, quien entabló gran amistad con su sobrina política Isabel, la hija mayor de Francisca, pues ambas eran observantes fieles de la Ley de Moisés.

Guiomar insistió a Isabel que nunca debía perder esa fe, «pues es la única verdadera». Le suplicó a Isabel que debía convencer a su tío, don Luis, de regresar a vivir bajo sus preceptos. Guiomar no hizo el viaje trasatlántico con su esposo; la religión judía, sí. Esa permaneció latente en los corazones de la familia Carvajal y en los de cientos de mujeres y hombres que se aventuraron a las Indias.

El historiador Alfonso Toro, gran experto en los procesos de la familia Carvajal, detalló cómo don Luis invitó a parentela, amigos y conocidos a emigrar al Nuevo Mundo, haciéndoles brillantes ofrecimientos bajo deslumbrantes perspectivas. Prometió que en la sucesión nombraría gobernador a su sobrino y tocayo Luis de Carvajal el Mozo; le prometió a su hermano Baltasar el empleo de tesorero, y a su cuñado, ventajosos acomodos en los negocios. Además de toda su familia, se alistaron otros colonos que eran cristianos nuevos, muchos de ellos, fanáticos judíos que no solo seguían en su religión, sino que hacían una activa propaganda de ella. Para tragedia de toda la familia Carvajal, Isabel y Luis el Mozo lo hicieron a pie juntillas.

La Inquisición en México

La llegada de la Inquisición es uno de los momentos más dramáticos en la Historia de México. La impartición de la justicia en la época virreinal se encontraba titubeante entre lo civil y lo religioso. La Inquisición pasó a ultramar y actuó en las tierras del otro lado del océano del mismo modo que actuaba en España. Los pueblos que integraban sus vastos territorios estaban sujetos a las mismas leyes. Por ello se estableció el Tribunal del Santo Oficio de la Inquisición de la Nueva España el 4 de noviembre de 1571. Los habitantes de la ciudad de México fueron convocados a la Catedral Metropolitana —toda la vida pública y cotidiana estaba regida fuertemente por la religión—, porque el inquisidor apostólico que acababa de llegar, Pedro Moya de

Contreras, quería que la ciudad entera supiera que a partir de ese momento iniciaba la persecución de herejes, apóstatas, criptojudíos y de todo aquel que se apartara un ápice de la fe católica.

Por si fuera poco, Moya de Contreras lanzó un dardo envenenado: ordenó que los padres denunciaran a sus hijos, que los hijos denunciaran a sus padres, que los esposos se denunciaran entre sí, que los vecinos se espiaran, vigilaran y delataran. Nadie estaba a salvo. Desde el púlpito se promovía y premiaba la delación de todo aquel que cometiera actos contrarios a la fe o que así lo pareciera. Una verdadera cacería se desató desde el principio del infame decreto.

Aunque las funciones inquisitoriales de vigilar la fe comenzaron con la llegada de fray Juan de Zumárraga y recayeron poco después en manos del dominico fray Domingo de Betanzos, recién concluida la caída de México-Tenochtitlan en 1521, no fue sino hasta cinco décadas después, bajo la corona de Felipe II, que se instaló formalmente el Tribunal.

Desde los tiempos de Zumárraga y Betanzos se cometieron excesos y atrocidades en contra de la población. Por ejemplo, se quemó vivo en la hoguera al cacique indígena don Carlos Ometochtzin, nieto de Nezahualcóyotl, acusado de tener enterrados en su casa ídolos prehispánicos para su culto. La dantesca escena de su tormento y sus gritos de dolor causaron gran impacto en toda la sociedad. El que Ometochtzin llevara flores y sacrificios de animales a su antigua deidad representó un problema en los millones de conciencias indígenas que aún creían en su antigua cosmovisión. Y, aunque la gran mayoría de los naturales se convenció durante la temprana evangelización, muchos otros no. La solución no sería matarlos por herejes, sino continuar con la instrucción del Evangelio a través de la catequesis de la nueva religión. A partir de ese momento se hizo la diferenciación de los transgresores. A los indígenas de América no se les juzgaría más por la vía de la Inquisición,

pues se les consideró justamente neófitos. Apenas estaban aprendiendo los nuevos preceptos religiosos.

Sin embargo, sí se aplicaría el brazo implacable del Tribunal a los herejes, es decir, aquellos que, ya conociendo la religión cristiana, su doctrina, sacramentos y preceptos, la contradijeran o negaran y que atentaran en contra de cualquiera de los postulados de la Iglesia Católica Apostólica Romana. Lo mismo sucedió con los apóstatas, aquellos que renunciaban a ella por completo, y con los judíos herejes, criptojudíos o judaizantes, quienes, ya conversos, celebraban clandestinamente sus antiguos rituales y ceremonias. Por último, los infieles o gentiles eran quienes nunca habían sido cristianos y, para efectos del Santo Oficio, vivían en el error y en el engaño; como los judíos y musulmanes que vivieron por centurias en la península ibérica y que por ello fueron expulsados.

A ese mundo intolerante dirigieron sus pasos Francisca y el resto del clan Carvajal, el mismo año en que las coronas de Portugal y España se unieron, lo que permitió que familias portuguesas como ellos pasaran a las Indias libremente. Zarparon del sevillano puerto de Sanlúcar de Barrameda en el mes de junio de ese histórico 1580. Cruzar el Atlántico como la familia de un importante personaje, como lo era el Viejo, les trajo ciertos beneficios: surcaron durante tres meses y medio las inmensas aguas en una cámara exclusiva para ellos; librándose al menos de las hacinadas y nauseabundas tablas y toldos en cubierta, en las que se hacía la popular travesía a las Indias desde España. En la Santa Catarina, la nave que don Luis fletó *ex professo* para la expedición, viajaron otras familias de colonos, como la del médico Manuel Morales, maestro y celoso practicante de la religión hebrea, de quien se harían muy cercanos.

Navegaban también decenas de soldados, labriegos, artesanos, mujeres y niños; junto con sus bártulos, demás objetos de uso personal, víveres, baúles, herramientas, muebles y animales. Los pasajeros del Santa Catarina exentaron las probanzas de limpieza de sangre —no descender de hebreos ni de moros—, indispensables en cada travesía; ni pasaron por el registro de los oficiales inquisitoriales del puerto, que incautaban, celosos, algún libro herético de entre sus pertenencias. Incluso se hicieron a alta mar en la misma flota en que viajaba el nuevo virrey, Lorenzo Suárez de Mendoza, cuarto conde de Coruña, señal que tomaron como buen augurio. ¿Qué podría salirles mal a los Carvajal?

Nuevo Reino de León. En agrestes tierras chichimecas se agudizó su fe

Tras las vitales paradas de aprovisionamiento, la flota en que viajaban los Carvajal continuó su larga travesía, dejando atrás a las Islas Canarias, a Puerto Rico, Santo Domingo, La Habana y Veracruz, hasta llegar por fin al puerto de Tampico, donde desembarcaron el 15 de octubre de 1580. Se establecieron en la villa de Pánuco, caserío que apenas contaba con lo indispensable, pero muy cercano al vasto territorio que el flamante gobernador Carvajal y de la Cueva debía administrar. Una vez instalados, no muy complacidos por lo rústico de su nueva residencia, cada uno se abocó a construir el anhelado bienestar. La desembocadura del Pánuco era una zona selvática plagada de insectos y alimañas, insalubre, inhóspita e incivilizada. Se veía atacada continuamente por los embates de los llamados indios «chichimecas», diferentes grupos étnicos y culturales que se agruparon bajo ese concepto por ser nómadas y muy aguerridos en la defensa de esos territorios norteños.

El panorama debió de parecerle desolador a Francisca. Quizá, por otro lado, significó un enorme consuelo tener que preocuparse un poco menos, sentirse más libre de la perenne sensación de impotencia ante el asedio del que venía huyendo: «¿Por qué nos persiguen? ¿Por qué

nos quieren matar si nosotros creemos en un dios?», pudieron ser algunas de las preguntas que se formulaba. La siguiente década significó para ella y para casi todos los Carvajal el poder practicar y afianzar sus costumbres y tradiciones. Antes de que se desatara su infierno en la Tierra, al ser descubiertos en 1590.

Los hijos mayores de Francisca —unos jóvenes ya—, a pesar de la osadía, pero con el beneplácito de sus padres, no perdieron tiempo en ir enseñando con gran convicción la Ley de Moisés a sus hermanos menores. Baltasar llegó al Nuevo Reino de León con veintitrés años; Isabel —viuda a los veintiuno de Gabriel Herrera, con quien vivía en Astorga— los acompañó ilusionada; Catalina tenía dieciocho años; Luis era un adolescente de catorce; los niños, Miguel y Mariana, tenían cinco y tres, respectivamente, y, finalmente, Anica era una bebé de meses. Gaspar, el primogénito, había llegado ya a las Indias desde 1578. Profesó como fraile dominico y vivía en el convento de la poderosa orden, en la ciudad de México. Parece un hecho increíble que, siendo hijo de judaizantes, perteneciera justamente a la orden mendicante suministradora de inquisidores, a la orden de los temidos canes de Dios.

Tal hecho revela la costumbre de enviar a uno de sus hijos a hacer vida monástica para guardar las apariencias. También lo fueron las prácticas disimuladas que, de sus costumbres, adoptaron las oleadas de judíos virreinales. Por obvias razones, sus conocimientos religiosos los obtenían a través de la enseñanza oral. Como en el caso de los Carvajal, los padres y los hermanos mayores fueron siempre los primeros maestros de las pocas oraciones tradicionales que aún recordaban. El Antiguo Testamento católico era su lectura básica; el silencio, rector de su comunidad. Implementaron cualquier medida de precaución para sobrevivir: ya no hacían la circuncisión, pues fácilmente se descubría en los niños; discretísimos eran los lugares de encuentro comunitario como templos y sinagogas; tampoco guardaban el *shabbat*, e incluso aprendieron a comer los alimentos prohibidos porque era la mejor manera de pasar desapercibidos. El ayuno de Esther —del amanecer al anochecer antes del Purim o carnaval judío— fue la única fiesta religiosa que los recién llegados escogieron celebrar.

Las desavenencias no se hicieron esperar entre el potentado gobernador y la familia de su hermana, la familia que quiso ver como aquella que él mismo no pudo formar con su esposa Guiomar. Luis de Carvajal y de la Cueva tenía una enorme responsabilidad ante la Corona: abrir una ruta navegable por el Pánuco hacia el noreste novohispano, pacificarlo y poblarlo. A sus treinta años, en 1567, ya había probado fortuna en la Gran Chichimeca, donde se ganó el reconocimiento por su prosperidad en la ganadería y por sus conquistas territoriales. En esta nueva expedición fundó tres ciudades: León (Cerralbo), San Luis, rey de Francia (Monterrey) y Nueva Almadén (Monclova). Pero tal poder vino con grandes penurias y grandes adversarios: muy rápido se enemistó con otros terratenientes por dichos linderos, así como con el virrey, conde de la Coruña. Tampoco encontraría empatía con sus parientes. Sus días de gloria estarían contados.

Luis de Carvajal el Viejo llevaba a su tocayo y sobrino, su futuro heredero, a recorrer sus dominios para que aprendiera a cuidar y administrar semejante riqueza. A su cuñado Francisco y a su sobrino Baltasar les delegó el tráfico de mercancías y esclavos. Pero al Mozo no le habrían de interesar esos temas mundanos. Era un jovencito de frágil complexión y, a decir de su aguerrido tío, de carácter melancólico. Por eso, pronto se separó de él. Su vocación sería otra: ser, sin proponérselo, el primer místico, el primer poeta judío de América. Su inquebrantable devoción fue la fe judía, que también fue la fuente de su tragedia.

La vida cotidiana en Pánuco transcurrió en aparente calma. Francisca vivía en una casa sin lujos que su hermano les construyó, pero con varias indias de servicio que les ayudaban a ella y a sus tres hijas

a coser sus ropajes y a preparar los alimentos. Dos esclavas negras cuidaban de los niños pequeños. Pero la «simulación» o cumplimiento de la religión católica —incluidos los sacramentos como el bautismo y la confirmación— la empezaron a relajar a puerta cerrada. Francisca rezaba devotamente a Yahvé, en una Biblia que compró a escondidas el Mozo. Sin temor a la delación, Luis se practicó a sí mismo la circuncisión, con la bendición de su madre.

Mientras Francisca todavía vivía en Pánuco, su esposo Francisco Rodríguez de Matos enfermó gravemente y murió en 1583. El único consuelo al gran dolor de perderlo era saber que sus hijos Luis y Baltasar sí oraron a su lado en su lecho de muerte, lavaron su cuerpo inerte, lo amortajaron en paños limpios y lo enterraron a ras de tierra, como sacramente indicaban sus creencias. Francisco había muerto en el seno y los ritos de sus ancestros; no pudo presenciar el horrible destino del resto de su estirpe en manos de la Inquisición.

La ruptura final de Francisca con su hermano Luis sucedió cuando, en una ocasión, las mujeres de la familia se encontraban solas con el gobernador. En 1585, Isabel, la hija mayor, trató de reconvertir al judaísmo a su tío Luis. Cumplía con la promesa que, antes de abandonar España, hizo a su difunta tía Guiomar. El impacto en el ánimo de Carvajal y de la Cueva fue brutal. La ruptura con su familia, casi inmediata y desastrosa, fue inminente ante el terrible disgusto e indignación que los Rodríguez de Carvajal le asestaron. No lo podía creer, desde niño era un practicante y convencido cristiano. Además, gozaba de una muy buena posición social al ostentar un cargo político de tal envergadura en el Nuevo Reino de León. El pavor que significaba ser perseguido por la Inquisición rompió en su interior la relación familiar. Por su parte, la convicción y el amor que Isabel sentía correctos hacia sus raíces la animó a atreverse a más: trató de convertir a uno de los hombres de confianza de su tío, Felipe Núñez. Años después, este sería quien desataría la debacle que devoró a Francisca Núñez de Carvajal y a todos los suyos.

La inquebrantable convicción de su familia hizo que, un año más tarde, Francisca abandonara para siempre el Nuevo Reino de León y a su notable hermano.

Al no contar más con el amparo de su esposo, y distanciada de su hermano don Luis, Francisca se quedó sola con sus hijos. Esta ruptura habría de hacerse más grande cuando Leonor y Catalina se casaron en Pánuco, a espaldas de su tío y gobernador. Fueron sus hermanos Luis y Baltasar quienes concertaron sendos matrimonios con dos hombres maduros y ricos comerciantes, Jorge de Almeida y Antonio Díaz de Cáceres, a quienes conocían también como judaizantes.

Francisca ofendería sobremanera a su hermano por no consultarle y hacerle partícipe de las bodas recientes de sus sobrinas, a pesar de la preponderancia que tenía Carvajal en la estructura familiar. También porque toda la familia se fue a la Ciudad de México a finales de 1586 por seguir a los nuevos maridos de sus hijas que hacían los preparativos para embarcarse en la Nao de China, dejándolo a él y al solitario pueblo norteño sin explicación alguna.

Por su parte, a don Luis de Carvajal el Viejo, profundamente disgustado por la partida de su hermana, le aterró el predicamento en que lo había puesto toda su estirpe. Él sabía que sus parientes y los nuevos integrantes de la familia de Francisca practicaban más que nunca el rito judío, a pesar del inmenso peligro que significaba para todos. Volverían a verse, pero en horribles circunstancias.

De frente ante el Tribunal del Santo Oficio. La pesadilla

Sus hijos la convencieron de mudarse a la ciudad de México, donde una colonia de criptojudíos portugueses se había nutrido enormemente a raíz de la unificación ibérica de 1580. Comerciantes natos, empresarios y navegantes influían en la vida económica de la Nueva España,

catapultando el comercio dentro y fuera del pujante virreinato, abriendo con sus negocios los caminos por sierras, valles y poblados. Los dueños de naves mercantiles —consumados marineros— surcaban los mares llevando y trayendo un sinfín de mercancías desde China, Filipinas, el Caribe y España. En breve, los yernos de Francisca habrían de integrarse a esa magna ruta de la Nao de China o Galeón de Manila que, durante siglos, dotó de grandes riquezas a Nueva España, a Filipinas y a la metrópoli.

La llegada de los Carvajal a la pujante ciudad de México los llenó de júbilo y expectativas. El bullicio y el trajinar de la gente, de caballos y carruajes, de decenas de comercios, casas, canales, y, de fondo, los volcanes y el espejo de agua del lago que los rodeaba, les prometía un futuro esperanzador.

Gaspar vivía en el barrio de Santo Domingo, donde se encontraba el magnífico convento de su congregación. Pero la familia no se estableció en un principio en la capital, pues los yernos de Francisca los llevaron a vivir a sus haciendas de beneficio de plata en Taxco, junto a sus propias familias. Pasaron muchos meses en las haciendas de Cantarranas y Tenango. Vivían repartidos entre ambas, fingiendo día a día ser cristianos que asistían a misa; pero, a puerta cerrada, rezaban a Yahvé.

Luis y Baltasar radicaron desde un principio en una habitación rentada en el barrio de San Sebastián, de la ciudad de México y se dedicaron al comercio en Tlaxcala y la zona de la Mixteca. Luis intentó reconciliarse sin éxito con su tío, quien lo había desheredado. Un año después, Catalina dio a luz en Cantarranas a una niña a la que llamaron Leonorica, motivo de gran dicha para Francisca. Isabel, todavía viuda, dedicaba su vida a atender a sus hermanos pequeños y a enseñarles los preceptos del judaísmo y las historias de la Biblia.

La aparente tranquilidad de Francisca en Taxco pronto habría de terminar. En la Pascua de 1588, Baltasar le pidió a Luis que le practicara la circuncisión, pero durante el procedimiento sufrió una gran hemorragia y tuvieron que buscar ayuda médica en su comunidad, poniéndose en franco peligro de que los delatara el dueño de la habitación que rentaban. También le confesaron a su hermano Gaspar, el fraile, que eran judíos y le dijeron que él debía volver a serlo; esto lo dejó muy perturbado. Luis y Baltasar estaban decididos a emigrar a Italia, donde existía mayor tolerancia religiosa y estarían más seguros, pues don Luis, en el Nuevo Reino de León, había caído de la gracia del virrey por intrigas de sus enemigos, y entonces todos corrían grave peligro.

Las cosas cada vez se complicaban más para los Carvajal. Isabel siguió enseñando a sus hermanos los salmos penitenciales de memoria y las historias bíblicas. Absorta en una ocasión, durante el ayuno de Esther, se descontroló rezando frente al servicio con los ojos perdidos hacia el Oriente y obligó a sus hermanitos a recitar frente al fraile, agobiado ya sobremanera. A pesar de este hecho, Gaspar no los quería delatar.

Si bien la capital del virreinato les ofrecía comodidad y mayores oportunidades, también albergaba al más terrible de los peligros: en contraesquina del Convento de Santo Domingo, dominando la magnificente plaza del conjunto conventual, se erigía la tenebrosa sede del Tribunal del Santo Oficio y sus horrendos calabozos de la Cárcel de la Perpetua. La Inquisición novohispana le pisaba los talones a Francisca. La viuda, con entereza, encomendaba su vida y su suerte a Dios, a Yahvé, tratando de continuar con el papel que le tocó vivir, como a cientos de mujeres judías en aquella encriptada sociedad virreinal.

Reitera la historiadora Alicia Gojman que la mujer era el compás del hogar, la responsable de transmitir el amor por la religión y la devoción a los hijos para que el judaísmo no se perdiera en el Nuevo Mundo. Con frecuencia, una sola mujer era capaz de arengar a los hombres amedrentados o fatigados de tanta lucha. En aquellas mujeres había una íntima fuerza de valores espirituales que supieron inculcar en sus hijos, en los criollos de América. Y todo ello sin programas, sin haber tenido ellas mismas quién las educara, quién las orientara en aquel nuevo vivir; porque todo era nuevo, imprevisto, distante, desmesurado. La mujer judía, y cualquier otra, se acostumbró al peligro de toda clase, a las noticias trágicas, a la soledad, a la viudez.

Nada habría de detener a Francisca en su empeño de asirse con el corazón y las entrañas a lo suyo. Hacía dos décadas que se aferraba a ello en tierras novohispanas. Mantenía más vivos que nunca sus valores y raíces. Pero, en el virreinato, todavía no soplaba el viento a su favor. El huracán del rechazo a sus creencias la arrastró hasta el exterminio. El Tribunal del Santo Oficio de la Inquisición continuaba la incansable búsqueda de blasfemias, falsos misticismos, presuntas herejías o cualquier otro delito de parvedad (corrupción de costumbres). Informantes de todo tipo reportaban cualquier irregularidad que pensaran que podía ser investigada.

Ojos mezquinos de envidia, ignorancia o cotilleo denunciaban las supuestas conspiraciones y delitos. Bastaba una denuncia de palabra, incluso sin prueba alguna, para que el brazo ejecutor del Tribunal echara a andar los lentos pero pavorosos procesos en su contra. La mala voluntad o la ciega fe católica de la gente podía estar detrás de una denuncia. Los acusadores relataban feroces lo que hacían sus vecinos, todo lo que les parecía sospechoso de herejía; en sus casas, en misa, en reuniones, en los parques, en las plazas, en cualquier parte. El cronista e investigador Héctor de Mauleón detalla el virulento panorama:

> En México se vivía un momento de terror porque había gente que estaba cazando a los judíos encriptados. Todos debían tener cuidado con lo que hacían y decían. Si iban a misa y volteaban la cara a la hora de los sacramentos, eran acusados. Si apartaban el tocino de su plato en una comida, cocinaban con aceite de oliva en lugar de manteca o vestían con ropa limpia los sábados, también. Comenzaba un verdadero clima de persecución que muchos lograron sortear, pero que desgraciadamente,

> en algún momento, por una conversación, por un vecino chismoso, por alguien que tenía una cuenta que cobrar o que se había sentido ofendido; venía la denuncia. Y, cuando venía la denuncia, se ponía en marcha la maquinaria de la Inquisición: la confiscación de bienes y la prisión en las cárceles de la Perpetua. Ya en ese infierno, los falsos compañeros de celda que los inquisidores ubicaban para sonsacar confidencias y el espionaje de los mismos inquisidores que bajaban por las noches con paños en los zapatos para escuchar las conversaciones de los reos. Todos los mecanismos para obtener el más mínimo detalle; además de la infame tortura.

El virus de la delación se extendió contagioso. Aquel hombre al servicio del gobernador Carvajal y de la Cueva, ese al que Isabel trató de convertir al judaísmo en los días en Pánuco, finalmente la delató. El capitán Felipe Núñez desató la reacción en cadena del infortunio de los Carvajal: acongojado, relató las palabras de la entonces joven viuda en secreto de confesión, sabía que el encubrimiento herético, además de pecado, era un crimen. Así, para obtener la absolución, tenía que notificar las intenciones de Isabel también al Santo Oficio. La adversidad se postraba de lleno en la familia de Francisca. Su poderoso hermano, Luis de Carvajal y de la Cueva, tiempo atrás había caído también en desgracia. El virrey, conde de la Coruña, veía una gran amenaza a sus intereses políticos en el enorme poder que el gobernador tenía en el Nuevo Reino de León, por lo que lo mandó a apresar en la cárcel de Corte por un problema de potestad y linderos en aquellos terruños. El juicio civil pronto se convirtió también en un asunto de fe por su cercanía con sus parientes portugueses y el incidente con su sobrina. A principios de 1589, la Inquisición encarceló a Luis de Carvajal el Viejo, uno de los hombres más ilustres del virreinato, en las mazmorras de la Perpetua.

A pocos días de la denuncia en su contra, al anochecer del 13 de marzo del mismo año, el Santo Oficio detuvo a Isabel en casa de su

madre. A pesar de la bonanza y prosperidad de la que gozaron los últimos años en Taxco y la ciudad de México, la pesadilla de Francisca se hizo realidad. Desesperada, avisó a sus hijos Luis y Baltasar las terribles noticias, quienes regresaron a la ciudad para llevarse a Miguel, un adolescente de trece años ya, a Veracruz. Subestimando el peligro, Francisca se quedó al cuidado de las niñas pequeñas, junto a Catalina y Leonor.

El 9 de mayo, Luis regresó por su madre y el resto de las mujeres de la familia para unirse a Baltasar y a Miguel en Italia y abandonar Nueva España de una vez por todas. Era demasiado tarde. Las autoridades ya venían por Francisca, Catalina y Leonor y, para su mala fortuna y absoluta desgracia, ese mismo día las capturaron no solo a ellas, sino también a Luis: el más instruido y culto de los Carvajal en la Ley de Moisés.

Los interrogatorios de Francisca y de sus hijas fueron despiadados. Isabel, bajo el horror de la tortura, había confesado ser judaizante y que también lo eran su madre, sus hermanas y sus hermanos, así como lo habían sido su padre y su difunto primer esposo. Acusó a toda su familia, excepto a Luis el Viejo, y a su hermano fray Gaspar, el dominico. El primero de dos juicios que el Tribunal del Santo Oficio emprendió contra la familia Carvajal iniciaba inmisericorde. Nadie de su familia se enteró de la delación de Isabel hasta después del primer juicio. Cada detalle de semejantes torturas y confesiones, pero también cada momento de sus vidas, costumbres y cultura, quedaron plasmadas en las macabras fojas y legajos inquisitoriales para que pudiéramos conocerlos hasta nuestros días.

Comenzaba la desgracia que Francisca tanto temía. Fue llamada a atestiguar ante el inquisidor licenciado Bonilla y el fiscal Bartolomé Lobo Guerrero, en el tétrico palacio de la Inquisición. Tras su negativa de confesarse como hereje, se le condenó al tormento. De nada le valieron el llanto, las súplicas y el aceptar y pedir perdón por haber creído en ambas leyes religiosas, la de Moisés y la de Jesucristo. En la cámara de tortura, a las ocho de la mañana del día siguiente, comenzó la afrenta: la desnudaron de la cintura para arriba y le ligaron los brazos con cuerdas dándole cinco vueltas de torniquete. Estoica, por cinco veces confirmó sus creencias; antes moriría mártir que renegar de su fe.

Ofreció su sufrimiento para limpiar sus pecados, pero no les bastó a los inquisidores, quienes, además de que desistiera de su religión, le exigían que delatara a quienes la seguían. Entonces ordenaron ponerla en el potro. Ataron con cuerdas sus brazos, muslos y espinillas; los estiraron hasta hacer crujir sus huesos. En ese momento, Francisca se quebró ante el insoportable dolor. A pesar de la entereza que había plantado y con todo su dolor, finalmente abdicó de su fe y declaró que su marido y todos sus hijos eran judíos practicantes. Un cirujano la atendió en la celda que le asignaron, y ahí firmó el documento con el que terminó la audiencia. Al día siguiente, Leonor y Catalina, por la misma tortura, también renegaron de su fe y delataron al resto de la familia. Luis el Mozo y Luis el Viejo también fueron procesados.

Las sentencias de los Carvajal fueron leídas para su escarnio público frente a cientos de personas, en el auto de fe celebrado en la catedral el 24 de febrero de 1590. Para ser «reconciliados», desfilaron como reos penitentes en el templo, ataviados con las túnicas de castigo, llamadas «sambenitos», de tela amarilla con las dos aspas rojas de San Andrés cruzadas y una vela en la mano. Un cartel enumeraba sus faltas de manera que todos las vieran. En la cabeza portaban la coroza, un sombrero de papel en forma alargada y cónica, con pinturas alusivas a sus delitos. Al final, quemaron en la hoguera las estatuas de su esposo muerto y de sus hijos prófugos, Miguel y Baltasar, por ser también culpables.

Ese fue el día que se reencontró la familia tras meses de no verse, incluyendo a su hermano, el exgobernador de Nuevo León, hundido en la tragedia, con aspecto demacrado y muy acabado. Fue acusado de encubrimiento, mas no de hereje, y sentenciado a la expulsión

de Nueva España durante seis años. Luis de Carvajal y de la Cueva el Viejo, el explorador y exitoso adelantado, no toleró las condiciones de la cárcel de la Inquisición y murió un año más tarde, a los cincuenta años, antes del destierro.

Un segundo juicio y el infame desenlace

Admitiéndolos de nuevo en el seno de la Iglesia, después de la «reconciliación» de sus almas, recluyeron a las mujeres Carvajal en una casa de recogimiento en Tlatelolco, y a Luis en el hospital de San Hipólito. Por las gestiones de su yerno Jorge de Almeida, la matriarca estableció contacto de nuevo con el Mozo, en frecuentes visitas. Luis había mejorado su situación al ser trasladado al colegio franciscano de Tlatelolco, donde lo trataban con muchas atenciones y libertades. Enseñaba a leer, a escribir y el catecismo cristiano a los indios hijos de caciques nobles. Por su fina y clara escritura, también recibió el encargo de copiar sermones para los frailes, y, por su amor a los libros y al conocimiento, robó la llave de la biblioteca del colegio para devorarlos.

Confesó entonces a su madre que su fe en Yahvé era más inquebrantable que nunca. Sin temor a que les fuera la vida de por medio por «relapsos», al reincidir en las faltas al cristianismo, le contó que en un sueño, Dios y Salomón le pedían llevar vivo el judaísmo en su alma y en la de muchos otros. Joseph Lumbroso se hizo llamar desde aquel día, por la lumbre (luz) que significó para él la mística revelación y en honor a Joseph (José), el hijo más querido de Israel. Comenzó a escribir intensa y fervorosamente sobre las Leyes de Moisés y las Sagradas Escrituras, en tres maravillosas obras: *Memorias*; *Lex Adonai o los artículos de nuestra fe sagrada* y *Modo de llamar a Dios y ejercicio devotísimo de oración*, consideradas hoy en día las obras maestras del primer poeta del judaísmo en América. Conocía su religión como un rabino, por lo que se convirtió

en líder espiritual de la comunidad criptojudía novohispana, mientras continuaba con su trabajo con los frailes.

Cinco años transcurrieron tras haber salvado sus vidas en el primer juicio, pero serían descubiertos de nuevo por la pasión, y el descuido, con que el Mozo defendía en público el dogma del judaísmo. Cuando iban a absolver a Francisca y a sus hermanas por haber cumplido el primer castigo, e incluso los sambenitos con sus nombres se habían retirado del ojo público en la Catedral y casi tenían los recursos para abandonar el virreinato; nuevamente fueron denunciados al temido tribunal. Los arrestaron el 1 de febrero de 1595. Esta vez, no correrían con la misma suerte. Luis, Isabel, Catalina, Leonora y su atribulada madre, durante veintitrés meses, enfrentaron, desde los calabozos de la Perpetua, el proceso por judaizantes relapsos. Las torturas en los interrogatorios eran terribles y los lamentos de Francisca y sus hijos los podían escuchar unos y otros. El Mozo, aunque intentó suicidarse lanzándose desde un segundo piso hacia el patio central del edificio, encontró la fuerza en sus creencias para continuar y consolar a su familia en las oscuras y húmedas celdas aledañas. Escribía mensajes a su mamá y hermanas en cáscaras y huesos de aguacate con el hollín de las paredes que, evidentemente, fueron interceptados y presentados como pruebas en su contra.

No solo las instrucciones escritas a escondidas sobre cómo conducirse y rezar para soportar la tragedia, que dio a su madre y a sus hermanas, los hundieron más; hubo una prueba tanto contundente como hermosa: el compañero de celda del Mozo, el religioso Luis Díaz, soplón y despiadado, lo acusó de traer bajo el sombrero un diminuto libro con toda la historia de su familia desde que llegaron a Veracruz, escrito con bellísima caligrafía y decorados de oro. Llevaba, desde años atrás, el recuento de la fe de sus ancestros y de sus padres, escrito de su puño y letra con gran belleza en sus *Memorias*. Todo aquello integró el expediente condenatorio. Joseph Lumbroso no desistió de su religión

y, bajo el tormento, delató a más de ciento veintiuna personas de su comunidad. Fueron condenados por reincidentes, impenitentes, apóstatas y dogmatistas.

Francisca nunca supo de la múltiple delación ni del intento de suicidio de su hijo, aunque en el fondo de su alma siempre temió por su vida y la de su familia ante la persecución. Lo que quizá no imaginó jamás fue la dantesca escena de compartir el desdichado destino con cuatro de sus propios hijos, aun después de haber librado un primer proceso inquisitorial años atrás. En el mismo ritual de exterminio se extinguieron sus vidas el 8 de diciembre de 1596, durante el segundo auto de fe más grande y connotado que se haya celebrado durante los trescientos años de virreinato en México. A los delatados por Luis los «reconciliaron», pero a ella, Isabel, Catalina, Leonor y Luis les rompieron el cuello en el garrote vil, y sus cuerpos alimentaron las lentas pero ardientes llamas de leña verde en la hoguera en la que fueron condenados a consumirse, frente a los ojos de una inmensa y morbosa muchedumbre, en el quemadero de la Inquisición, a un lado del apacible parque de la Alameda. Con la intención de borrar no solo el rastro de sus vidas, sino de su existencia misma, las cenizas de sus cuerpos desaparecieron de la faz de la tierra al día siguiente, por entre las acequias.

Tampoco supo que sus hijas, Mariana y Anica, así como su nieta Leonorica, también saldrían en procesión en el auto de fe de 1601, y que la primera moriría en la hoguera. Casi cincuenta años después, ya anciana y enferma de cáncer, Anica también murió «relajada» en el más grande auto de fe realizando en Nueva España, en la llamada Gran Complicidad, en 1649. Por su parte, fray Gaspar de Carvajal, el clérigo, cumplió la condena de reclusión por un año en su convento, tras el auto de fe en que pereció su madre.

Pero la estirpe y la sangre de Francisca no se extinguieron en el funesto episodio en Nueva España. Baltasar y Miguel sí escaparon de las fauces del infierno y lograron llegar a Europa para vivir como judíos libres de practicar su fe y sus creencias. Baltasar cambió su nombre al de Jacobo Lumbroso, siendo un respetado médico cirujano; y Miguel también sobresalió como el importante rabino David Lumbroso, en la comunidad judía de Salónica, en el Imperio turco.

Asir el corazón a una creencia hasta la muerte

Al pasar por el exterior del Antiguo Palacio de la Inquisición, hoy el majestuoso y restaurado Antiguo Palacio de Medicina, en el Centro Histórico de la Ciudad de México, no imaginamos que, en las profundidades de las Cárceles de la Perpetua, por siglos inundadas, húmedas, lúgubres y hacinadas, Francisca Núñez de Carvajal padeció lo indecible por aferrarse a su fe y a sus creencias.

Antonio M. García-Molina Riquelme apunta:

> Respetuoso recuerdo merecen las mujeres de la familia Carvajal, las grandes olvidadas, pues las semblanzas de Francisca y de sus hijas Isabel, Leonor, Catalina, Mariana y Anica, madre y hermanas de «El Mozo», quedaron siempre solapadas por la de este. Ellas, que suponen la mitad de las mujeres relajadas en persona por el Santo Oficio mexicano a lo largo de toda su historia, demostraron reiteradamente poseer más temple.

Los miles de mujeres españolas que viajaron al Nuevo Mundo, al igual que ella y sus hijas, participaron en las fundacionales actividades colonizadoras a la par de los hombres. En este trágico caso, de aquellos que murieron en la hoguera, las mujeres Carvajal fueron la mayoría, hecho que enfatiza que las expediciones y las conquistas no las realizaron los hombres solos: estuvieron siempre acompañados de mujeres.

La peregrinación de Francisca durante los cincuenta y tres años que vivió, si se traza en el mapa recién completado, ilustra la magnitud

de la persecución de la que fue víctima. Bien se pueden imaginar el desasosiego y la desesperación por encontrar un sitio en donde vivir con libertad y en comunión con sus raíces y religión. Estos fueron desde Mogadorio, Benavente, Medina del Campo, Sevilla, Sanlúcar de Barrameda, Islas Canarias, Puerto Rico, Santo Domingo, La Habana, Veracruz, Pánuco, Tampico, San Luis Potosí, Querétaro, Ciudad de México, Cuernavaca y Taxco hasta, finalmente, de nuevo en la ciudad de México: dos reinos, dos continentes. En el Viejo Mundo y en uno nuevo. Lo intentó temeraria, pero en ninguno pudo encontrar lo que buscaba. La cerrazón terminó con su vida y la de seis de sus nueve hijos. Pero, como el faro con el que ardió la fe en sus corazones, Baltasar y Miguel sí lo encontraron con el nombre de su erudito hermano: Lumbroso. Lo lograron por el orgullo y la tradición de sus ancestros, por el sufrimiento, la convicción, la tenacidad de lo que consideraban suyo, y por el amor que su madre Francisca Núñez de Carvajal sembró en lo más profundo de su ser.

En los cien metros lineales de legajos ordenados meticulosamente por Vicente Riva Palacio en 1860, se documentan paso a paso los juicios que la Inquisición ejecutó sobre la población novohispana. Trescientos años funcionó el temible Tribunal del Santo Oficio, de 1521 a 1820, en sus territorios en ultramar. Los Carvajal fueron siete de los cincuenta (algunos historiadores señalan que fueron treinta y cinco) condenados a muerte en total. La mayoría fueron encarcelados, multados, sometidos a penitencias públicas y a la confiscación de sus bienes. Aunque muy por debajo de los cientos de condenas de los tribunales inquisitoriales de Europa, para los que sí murieron en Nueva España, lo significó todo. Un infame final.

En ese copioso archivo, a pesar de la crueldad de los juicios, encarcelamientos, torturas y muertes, paradójicamente también se narra la vida de la familia Carvajal y la de miles de personas. Es un verdadero documento sobre la doctrina; las costumbres; las formas de comer, de rezar, de amar y de organizar la vida cotidiana de aquellos tempranos mexicanos. Es un testimonio muy valioso acerca de la compleja conformación de la sociedad en Nueva España. Los españoles trajeron en las venas y en el pensamiento diversas tradiciones culturales de más de quince siglos de antigüedad. Y, a pesar de que quisieron acallarlas, forman parte de la herencia que igualmente sembraron en esa etapa fundamental de México.

Miles de inmigrantes españoles y portugueses que llegaron en el siglo XVI eran criptojudíos, como Francisca y su familia. Su forma de ser, de construir nuevos caminos, abrir rutas comerciales, establecer negocios y recrear su cultura es parte de esos dos mundos que se fundieron en uno, y que a su vez estaban hechos de otros tantos. Incluso hoy en día, en las costumbres más cotidianas, podemos ver esas raíces, como el uso del aceite de oliva (en lugar de manteca de cerdo) en ciudades del norte del territorio, como Monterrey, donde se establecieron muchos de ellos. Su presencia benefició sin duda a la sociedad novohispana. Mediante grandes flotas navales en las que viajaban a Filipinas, China y España, trajeron innovación y cultura. No se visibiliza con frecuencia lo que ese grupo aportó a la economía y a la cultura virreinales. Los conversos participaron en la vida política, social y cultural de la Nueva España profundamente. Eran «idealistas perseverantes», en voz de Alicia Gojman. «Con su emprendimiento, lograron un gran foco de cultura y desarrollo». Las vidas de Francisca Núñez de Carvajal y sus hijos están fundidas así en la Historia nuestra.

Como colofón a su tragedia y como si se tratara de una intrincada novela, las invaluables obras de Joseph Lumbroso sobre la creencia a la que se aferraron con el alma fueron robadas del Archivo General de la Nación por el investigador de ascendencia judía, polaca, brasileña y estadounidense, Jacob Nachbin, quien las escondió en sus bolsillos

mientras las consultaba en 1932. Ocho décadas después, por una afortunada coincidencia, aparecieron en una subasta de la casa Christie's de Nueva York y fueron adquiridas por el filántropo Leonard L. Milberg. El coleccionista las donó a nuestro país tras una negociación con autoridades mexicanas y la revisión de su autenticidad a cargo de expertos encabezados por el director de la Biblioteca Nacional de Antropología e Historia, Baltazar Brito. Actualmente, están bajo el resguardo de las bóvedas de la biblioteca, como el gran tesoro histórico que nos recuerda la riqueza cultural de la que estamos hechos.

Es también hoy que tanto España como Portugal devuelven a los descendientes de los perseguidos en aquellos tiempos origen, nacionalidad y patria, recuperando el lugar en esa historia de la que fueron expulsados.

Independencia

Leona Vicario

La Patria sí fue primero

Ciudad de México, 10 de abril de 1789 - 21 de agosto de 1842

Muy Sr. mío de toda mi atención:
[...] me llevo de encuentro sin saber por qué,
tachando mis servicios a la patria de heroísmo romancesco, y
dando a entender muy claramente que mi decisión por ella,
solo fue efecto del amor.
Esta impostura la he desmentido ya otra vez,
y la persona que la inventó se desdijo públicamente de ella, y
usted es regular que no lo haya ignorado;
mas por si se le hubiese olvidado,
remito a usted un ejemplar de mi vindicación
que en aquel tiempo se imprimió.
Mi objeto en querer desmentir la impostura de
que mi patriotismo tuvo por origen el amor,
no es otro que el muy justo deseo de que mi memoria
no pase a mis nietos con la fea nota de
haber yo sido una atronada
que abandoné mi casa por seguir a un amante.

LEONA VICARIO, «CARTA A LUCAS ALAMÁN», 1831

A escasos meses de estallar la Revolución francesa y cambiarle el rostro al mundo occidental para siempre, nació Leona Vicario en el corazón de la capital del Virreinato de Nueva España, territorio al que las ideas liberales, democráticas y revolucionarias de la Ilustración cimbrarían de raíz. Su nombre revelaba la felina fiereza con que empeñaría voluntad y destino en la lucha de una sociedad que, tras trescientos años de existencia, pugnaba por una mayor autonomía, representatividad y, finalmente, por la independencia y conformación de una patria mexicana.

El origen criollo y casi aristocrático de Leona le facilitó el camino en dicha insurgencia debido a su esmerada educación y posibilidad de aportar recursos económicos a la causa. Sin embargo, sus contemporáneos no habrían de perdonarle la osadía de ser una mujer involucrada en la epopeya. A pesar de haberlo dado todo, e incluso de ser la mujer que más capital aportó a la revolución independentista, fue también quien más tuvo que justificar su participación ante una sociedad que no estaba preparada para asimilar su fuerza.

Una vez ganada la contienda independentista, Lucas Alamán se opuso a su resarcimiento económico y moral, pues la acusó de haber participado movida por el amor a un hombre más que por legítima convicción y justicia sociales. Su correligionario insurgente, Vicente Guerrero, había aseverado en esos tiempos de cambio que «la Patria es primero», misiva que Leona Vicario habría de encarnar inamovible en la guerra de Independencia de México, viviéndola hasta las últimas consecuencias con esfuerzo, dinero, sacrificios y convicción.

En el número 37 de la actual calle República de Brasil, en el corazón del Centro Histórico de la Ciudad de México, frente a los sepulcros del convento de Santo Domingo, se encuentra la última morada de esta destacada protagonista de nuestra Historia. La casa con la que la indemnizaron por lo invertido en la gesta, y que habitó hasta su muerte, es hoy la Casa-Museo Leona Vicario.

Su vida se entrelaza indivisiblemente con el nacimiento de México; vida plena no solo de momentos brillantes, sino también de un sinfín de infortunios y penurias. Asimismo, el México independiente compensó el daño a su patrimonio otorgándole la hacienda de Ocotepec, en Apan, Hidalgo (actualmente un museo); y decretó en 1828 que la ciudad de Saltillo llevara su nombre. Aunque la historiografía nacional no estuvo a altura de su desempeño, porque Saltillo solo fue «de Leona Vicario» por algunos años.

Merecidamente, el nombre de Leona Vicario está inscrito en oro en el Congreso de la Unión, y sus restos mortales reposan en el mausoleo de la columna del Ángel de la Independencia de la Ciudad de México, junto a los de otros trece próceres de la Independencia: Miguel Hidalgo, Ignacio Allende, Juan Aldama, Mariano Jiménez, José María Morelos, Vicente Guerrero, Mariano Matamoros, Guadalupe Victoria, Nicolás Bravo, Javier Mina, Víctor Rosales, Pedro Moreno y Andrés Quintana Roo.

A pesar de ser la única mujer honrada por su proeza en el máximo altar de la Patria, solo existe en esta nación un pequeño pueblo llamado como ella, al norte del territorio quintanarroense. Por esta nación mexicana combatió feroz e incansablemente como leona,

dando alma, corazón y vida. Leona Vicario llevaba la revolución en el fondo de su alma.

Una niña instruida

El 10 de abril de 1789, durante los albores del ocaso novohispano, nació en la Ciudad de México, dentro de una acomodada familia, María de la Soledad Leona Camila Vicario Fernández de San Salvador. Ese fue el nombre que le dieron sus padres en la pila bautismal de la Parroquia del Arcángel san Miguel. Su padrino, hermano de su madre, fue el destacado abogado doctor don Agustín Pomposo Fernández de San Salvador y Montiel, hombre que habría de tener gran influencia en la vida de Leona, como llamaron a la niña cotidianamente desde entonces.

Dos años antes de su nacimiento, su padre, don Gaspar Martín Vicario, acaudalado comerciante español proveniente de la Villa de Ampudia en Castilla la Vieja, se casó con su madre doña Camila Fernández de San Salvador y Montiel, la criolla originaria de San José de Toluca. Don Gaspar, ahorrativo trabajador inmigrante, logró rápida fortuna y notoriedad en la sociedad novohispana no solo por sus boyantes negocios comerciales —era dueño de una próspera tienda de mercancías traídas de España o de Oriente en el rumbo de la Merced—, sino por los puestos honoríficos que desempeñó debido a su distinción y riqueza.

Leona fue la única hija del matrimonio Vicario Fernández de San Salvador. En 1793, el pintor Domingo Ortiz resaltó la prestancia y el donaire de su progenitor en un soberbio retrato de su familia. En este se encuentran representados don Gaspar y doña Camila, ambos de cincuenta años; las hijas eran del primer matrimonio del que enviudó don Gaspar, y se llamaban: María Luisa de diez años, Brígida de ocho y María Leona, de tan solo cuatro años. Domingo Ortiz también detalló puntualmente los destacados nombramientos del empresario, dueño

del considerable capital de más de ciento sesenta mil pesos: era familiar del Santo Tribunal de la Inquisición, regidor honorario de la ciudad de México y diputado del Real Tribunal del Consulado (Mercaderes) y conjuez de Alzadas del Tribunal de Minería. Claramente, esa cuna, entre algodones, privilegios y comodidades, era de altísimos vuelos.

Leona recibió en la infancia y adolescencia la mejor educación posible para su época y posición social. Eso sí, dentro de su casa, pues las mujeres no asistían a los colegios. La educación femenina constaba únicamente de los conocimientos necesarios para el buen funcionamiento de la casa; era mal visto el empeño por leer, intentar comprender las ciencias y el universo, o conocer ideas y costumbres de otras partes del mundo. «La mujer no necesitaba saber, lo que pasaba más allá de la puerta de su casa o de su barrio, era asunto solamente de los hombres», se pensaba. Sin embargo, debido a la adelantada visión de sus padres y ante la brillantez de su mente, se rompieron paradigmas al decidir no enviar a Leona a una «escuela amiga» (modelo educativo para las mujeres, impartido por siglos en casa de otra mujer «amiga»), y contrataron a los mejores tutores para que su hija aprendiera no solo a leer, escribir y aritmética básica, sino varios idiomas, pensamiento universal y todo aquel conocimiento que pudiera llegar a sus manos.

La familia poseía una nutrida biblioteca sobre ciencia, historia, filosofía y literatura, entre otros muchos temas. Además, en el campo de las bellas artes, Leona tomó clases de pintura y dibujo con el maestro pintor Tirado, llegando a ejecutar ambas disciplinas con notable habilidad. A pesar de que la familia de su madre no tenía gran fortuna, sí poseían la férrea convicción de la superación personal mediante el estudio y el trabajo. Doña Camila creía en la educación de la mujer y don Gaspar la apoyó para que Leona la recibiera. Los Fernández de San Salvador y Montiel eran una familia instruida de profesionistas y clérigos. Fernando y Agustín Pomposo, hermanos de doña Camila, habían logrado una buena posición social como abogados y este último también como notario, además de haber sido, nada más y nada menos, que rector de la Real y Pontificia Universidad de México dos veces, puesto por demás destacado y preponderante.

La joven Leona creció entonces como una mujer preparada, con gran seguridad en sí misma. Incluso devoraba en francés, idioma que dominaba, las obras prohibidas pero muy populares que conseguía clandestinamente sobre las ideas de la Ilustración y los enciclopedistas. Por esta razón respondió con determinación y templanza ante los tempranos embates que le tenía preparado el destino. Cuando Leona tenía once años, su padre, don Gaspar, murió el 25 de noviembre de 1800, quedándose solas ella y su madre.

El destacado maestro, abogado, historiador y director del Museo Nacional de Arqueología a finales del siglo XIX, Genaro García (adelantado a su tiempo en señalar las desigualdades legales de las mujeres) publicó en 1908 una erudita biografía sobre Leona Vicario. La describe así con gran detalle:

> Leona era de estatura regular, robusta, y bien formada; movimientos graciosos; rostro llano, afable y sonrosado; frente ancha, alta y vertical; cejas muy delgadas; ojos grandes, negros, de mirar luminoso, firme y enérgico; nariz fina y correcta; y boca pequeña y sonriente. Vestía siempre con gran distinción.
>
> Como, además de hermosa y elegante Leona era, según dejamos dicho, naturalmente inteligente; de una virtud acendrada; de una perfecta religiosidad; hábil en el arte de la pintura; instruida en historia, política, ciencias naturales y literatura; conocía el idioma francés; descendía de padres honorables, y poseía un buen capital, debió sobresalir de entre las demás señoritas de la alta sociedad de la Nueva España, por lo común extremadamente ignorantes, y despertar amor en no pocos de los jóvenes que tuvieron la fortuna de tratarla [...]. Fue el preferido de Leona

don Octaviano Obregón, notable miembro de una de las familias más opulentas de Guanajuato.

Octaviano Obregón fue el heredero, de veinticinco años, con quien se comprometió en matrimonio Leona, siendo todavía menor de edad. Era un coronel que pertenecía a una de las más distinguidas y acaudaladas familias de todo el virreinato, originario de León, Guanajuato, abogado graduado, sobrino del conde de la Valenciana y propietario de varias minas en Real de Catorce. Octaviano era hermano de Luz Obregón, amiga muy cercana de Leona, por quien lo conoció.

El cortejo de los jóvenes novios contaba con la venia de doña Camila, como correspondía en su esfera social. Debieron de ser tiempos benévolos para Leona a pesar de la pérdida paterna años atrás cuando era todavía muy niña, pues, en vista de su agradable y prometedora relación con el letrado guanajuatense, su madre firmó entusiasmada las capitulaciones matrimoniales de Leona con Octaviano. Parecía que su destino estaba ya trazado y decidido. No fue así.

La tragedia azotó de nuevo el seno familiar, cambiando profundamente el rumbo de su vida. Doña Camila Fernández de San Salvador murió el 9 de septiembre de 1807 por causa de una epidemia. A los dieciocho años Leona Vicario vio de frente el rostro de la orfandad. La vida la convirtió entonces en una joven y rica heredera, muy inteligente y de amplia cultura. Rara combinación para una mujer de la época.

Paralelamente, el rumbo político y económico del casi tres veces centenario virreinato daba también un vuelco vertiginoso. Vientos de cambio en Nueva España provocaron la revuelta autonomista de 1808 en la capital. El virrey José de Iturrigaray, fray Melchor de Talamantes, y muchos otros criollos como Francisco Primo de Verdad, Juan Francisco Azcárate y el mismo Octaviano Obregón y su padre, don Ignacio Obregón —muy cercanos al virrey—, intentaron que el virrey encabezara un gobierno autónomo legítimo y local, en contra de la España invadida por Napoleón, mientras los franceses mantenían preso al rey

Fernando VII. Crecía en las entrañas de los americanos el temor de que los españoles peninsulares, en contubernio con los afrancesados de la metrópoli, entregaran el reino entero, incluida Nueva España, a los franceses.

Sin embargo, fueron brutalmente sometidos por alta traición. Iturrigaray fue encarcelado; Primo de Verdad, asesinado; y el padre de Octaviano, poco después de haber sido herido gravemente, murió. El joven coronel no renunciaría al espíritu gaditano de autonomía y representatividad política, convocado por la Junta Central de las Cortes de Cádiz. Sin dudarlo, Octaviano viajó a España para representar su causa y la de su padre muerto; dejando sola a Leona a pesar de su compromiso matrimonial.

La revolución de Independencia se gestaba certera. Siguió la causa contra la insostenible desigualdad política de millones de habitantes novohispanos, ante una minoría española peninsular que representaba solamente unas quince mil personas. Las Reformas Borbónicas y la expulsión de los Jesuitas en 1767 abrieron las heridas irreconciliables entre americanos y europeos peninsulares, al someter todavía más a los primeros al poder absoluto de la Corona.

Seguramente, en la informada y culta Leona crecía también la semilla de las ideas autonomistas en contra de ese poder. Las ideas liberales que conocía muy bien por sus múltiples lecturas la hicieron considerar el ideal de un gobierno por y para novohispanos, es decir, para los americanos, con cargos políticos de importancia y el uso libre de la producción generada por ellos. Reflexionaba que, a la vuelta de los años, entonces todos los habitantes de Nueva España disfrutarían de los beneficios de esa producción. Leona sentía el arraigo de los nacidos en estas tierras, ese derecho a decidir sobre lo propio.

Tras la muerte de su madre y ante la partida de su prometido, Leona quedó bajo la patria potestad de su tío y padrino de bautizo, Agustín Pomposo. Por última voluntad de doña Camila, abandonó la casa

paterna para irse a vivir con su tío viudo y sus seis primos. En una de las más bellas calles de la ciudad de México, rentaron una casa grande, propiedad del convento de San Bernardo, en el número 19 de la calle de Don Juan Manuel (hoy República de Uruguay); la misma en la que vivía la protagonista, la Condesita, de la novela de Manuel Payno, *Los bandidos de Río Frío*. El carácter determinado e instruido de Leona se reflejó, por primera vez, en su decisión de invertir una verdadera fortuna —el diez por ciento de su herencia—, en arreglar y amueblar lujosamente la parte de la casa que le tocaba habitar; es decir, en alas separadas, para conservar su independencia. Relata la experta historiadora de El Colegio de México, Anne Staples sobre su nueva morada lo siguiente:

> con canapés que tenían cojines forrados en seda; mesas grandes, rinconeras, sillas, cómodas y aguamaniles de madera de bálsamo y embutidos; espejos, candelabros de cristal, pinturas, vajillas de Sajonia, y servicio de mesa de plata. Además, se trajeron el menaje de otra casa que tuvieron los padres de Leona en San Agustín de las Cuevas (hoy Tlalpan). Estos enseres dan una idea de la diferencia que había entre la vida del pueblo y el esplendor que disfrutaban las damas de alta sociedad y de la corte. Son momentos de grandes contrastes; por un lado, la lucha diaria por conseguir víveres y techo y por el otro el del lujo ostentoso, de riqueza despreocupada al lado de la gran miseria de las clases desamparadas.

El corazón le da un vuelco. Familia, dicha y fortuna por decisión propia

En la recién acondicionada área de la casona que compartía con la familia de su tío, Leona vivía con sus damas de compañía, la cocinera y la servidumbre que las habían atendido a ella y a su madre en la casa familiar de la Merced. A pesar de su gran tristeza, disfrutaba enormemente de la soledad de la lectura, de estudiar y de continuar con las clases de

pintura con el maestro Tirado. Frecuentemente, ante la insistencia de don Agustín Pomposo, comía o merendaba con su familia. Este había prometido cuidar de ella. Fueron tiempos en los que Leona y sus parientes vivían juntos, pero no revueltos.

Don Agustín Pomposo Fernández y San Salvador podía vigilar los intereses del gran capital económico de su sobrina y arropar exitosamente su orfandad, brindándole la protección necesaria, al ser el albacea y tutor de la joven, ya que gozaba de gran prestigio en esa cerrada sociedad criolla de la capital del virreinato. Era poseedor de una vida intachable para guiar lo que consideraba el mejor destino en relación con su sobrina: un bien avenido matrimonio y una doméstica vida familiar. No obstante, Leona no entraría en ese molde al que se sujetaba a las mujeres de su época y condición social.

Ella se sentía feliz y adaptada a esa nueva vida a pesar de la ausencia de sus padres. Con tan solo dieciocho años, organizaba amenas tertulias con amigas y algunos de sus primos. Evidentemente, la cercanía lio lazos muy fuertes con uno de ellos: Manuel Fernández, primogénito de don Agustín Pomposo, quien fue el primo más cercano a ella tanto en presencia como en ideario. Fue él quien, unos años después, en 1809, le presentó al joven pasante de abogado por quien el corazón de Leona daría un vuelco inesperado y vitalicio.

Manuel era compañero de curso y amigo de Andrés Quintana Roo, un joven yucateco que estudiaba Leyes en la ciudad de México para recibir los grados de bachiller en Artes y bachiller en Cánones; eligió el bufete del tío de Leona para cursar los dos años de pasantía obligatorios, antes de titularse y poder ejercer la abogacía. A partir de ese primer momento en que se conocieron, Leona Vicario y Andrés Quintana Roo no habrían de separarse jamás, ni en vida ni en muerte. Su amor, sus vidas, creencias, pasiones, éxitos, tragedias, hazañas, luchas políticas y ardientes corazones protagonizaron los trepidantes

momentos del nacimiento de nuestra nación. La Historia de México grabó sus nombres juntos en la eternidad de los héroes.

El apasionado liberal, talentoso y bien parecido pasante nació en Mérida el 21 de agosto de 1787. Al igual que Leona, fue hijo de un exitoso comerciante, José Matías Quintana. Destacado personaje que fue procurador síndico del Cabildo, capitán de la milicia urbana y alcalde de Mérida. En tertulias denominadas «de los sanjuanistas», se reunía con colegas para discutir sobre la injusta situación de los despojados indígenas, así como la obra completa del humanista fray Bartolomé de las Casas. Se reunían en la ermita de san Juan Bautista, de ahí su nombre. Don José Matías, antes de ser condenado por sus ideales a cuatro años en San Juan de Ulúa, se aseguró de llevar a su hijo Andrés a esas juntas, quien vería de primera mano la efervescencia social prevaleciente a finales del Virreinato. La nueva filosofía política liberal le llegaba a Andrés por todas partes; incluso por parte de sus maestros y compañeros de estudios, como el liberal radical Lorenzo de Zavala.

Leona no disimulaba en compartir con su primo Manuel y con Andrés sus sólidos ideales y convicciones políticas a favor de un movimiento autonomista pacífico en Nueva España. Tras la invasión francesa en España, la abdicación de los Borbón y el ascenso al poder de José Bonaparte, hermano de Napoleón, y la grave crisis política que sufrió el virreinato, la inclinación de Leona hacia el autonomismo se acentuó profundamente. Su rebelde y patriota postura sembró un evidente distanciamiento con su tío.

La historiadora Doris Ladd apunta lo siguiente sobre esos agravios que percibían las élites en los albores de la Independencia:

> Los motivos de las élites mexicanas para quejarse contra España se desarrollaron como una reacción a los ataques borbónicos contra los privilegios y la imposición de la Corona de grandes cargas financieras sobre los colonos para que ayudaran a sostener el peso de los gastos de las guerras españolas en el extranjero [...]. Aún antes de las guerras de

Independencia, había señales en Nueva España de un creciente interés por la autodeterminación.

La relación de Leona y Andrés estuvo llena de obstáculos y penurias, pero también de absoluta complicidad. Ante la inusitada atracción de tan disímiles pero enamorados jóvenes, su tutor se opondría terminantemente, pues ese no era el plan que había trazado para su sobrina.

Tras tres años de que Andrés frecuentara la casa de Agustín Pomposo, le pidió la mano de Leona en matrimonio. Al negársela rotundamente, no solo por el compromiso de Leona con Octaviano, sino porque el exrector de la Real y Pontificia Universidad era un convencido realista, acérrimo enemigo de las ideas de autonomía de la joven pareja. Todo aquello le parecía muy mal visto. En respuesta a su negativa, Andrés, su hijo Manuel y otro escribano del bufete decidieron unirse a las fuerzas de la Revolución Insurgente, iniciada en 1810. Agustín Pomposo, perdería más que a una sobrina.

La historiadora Pilar Gonzalbo Aizpuru, experta investigadora de la vida cotidiana en México, señala que ninguna mujer novohispana podía elegir la pareja, el momento o las condiciones de su compromiso matrimonial, al menos formal y abiertamente. A pesar de sus virtudes y encantos, y aun con un apellido noble y una dote cuantiosa, la decisión del matrimonio siempre correspondía al padre o cualquier varón con autoridad en la familia. El matrimonio de las mujeres era responsabilidad paterna hasta que ellas cumplieran veinticinco años. Después de esa edad, podían elegir a su compañero de vida, aunque pocas lo lograron. En la Ciudad de México, a finales del siglo XVIII, la edad promedio en que se casaban era a los veinte años. En el caso de Leona, entonces, le correspondía a don Agustín Pomposo decidir quién sería su esposo, no a ella. Evidentemente, Leona no acataría ese destino que se le fue trazado. Su determinación y valentía guiarían sus pasos; pasos que hicieron coincidir a pie juntillas sus principios políticos con sus sentimientos personales.

Conspiradora a los diecinueve. Los Guadalupes y la Insurgencia

¿Era consciente Leona de a qué se exponía al adoptar esa posición antagónica frente a la Corona? ¿Entendía en realidad lo que significaba oponerse a los suyos? ¿De dónde nacía su profundo interés por aliarse con los Insurgentes? A pesar de no haber sufrido en carne propia ninguna acción del gobierno español en su contra, como los préstamos forzosos que muchos criollos sí padecieron, caló en ella con profunda huella la persecución de que fue víctima la familia Obregón, y la de todos aquellos que sufrieron agravios en la tierra por la que ya sentían hondo arraigo: México. Eran muchas generaciones de novohispanos que, como ella, su primo Manuel y Andrés, sentían más derecho sobre este suelo que los llegados de la península. Los aires de cambio que provenían de Europa y de las recién independizadas colonias inglesas al norte de Nueva España enardecieron el fuego de los ideales criollos.

Convencida de su antagónica postura, Leona se unió a la sociedad secreta de Los Guadalupes en contra de la Corona, conspiración que, al igual que las realizadas por todo lo ancho del Bajío tras el Grito de Dolores, en septiembre de 1810, también movía conciencias a favor de una mayor representatividad y autonomía política. Buscaban el apoyo de dueños de tierras y poder económico para convocar a un congreso con representantes de todas las ciudades y establecer un gobierno autónomo en nombre de Fernando VII. Sobre Los Guadalupes, el historiador Ernesto de la Torre Villar, refiere que dicha organización secreta fungía como un auténtico «caballo de Troya» en varias ciudades de la Nueva España, pero principalmente en su capital. A través de ellos se podía observar cómo los mexicanos trataron de liberarse no solo políticamente, sino también a nivel social e ideológico rompiendo una serie de trabas que los retenían atados de un estado de cosas notoriamente injusto.

Ante la partida de Quintana Roo, que se unió a las fuerzas de Ignacio López Rayón en Tlalpujahua, Michoacán, en 1812, iba en aumento el amor entre ellos, así como su decisión política y combativa. Conspiraba temeraria en los cimientos de la capital del virreinato, en su propia casa. A los diecinueve años, Leona Vicario era una convencida conspiradora. Gracias a sus conexiones pudo establecer una red de espionaje para proveer de noticias a los insurrectos, luchando en las filas de los primeros Insurgentes, como Miguel Hidalgo e Ignacio Allende. Fue desde su casa que recibía y proporcionaba información y correspondencia; enviaba apoyo económico, medicinas como el agua de cimarrón y el colirio celeste, y hasta armas y pertrechos a los frentes insurrectos.

Algunas autoras, como la historiadora Patricia Galeana, la consideran la primera periodista mexicana porque publicaba mensajes en clave en periódicos como *El Ilustrador Americano* y el *Semanario Patriótico Americano*. Con los nombres de personajes de sus obras favoritas, en especial las *Aventuras de Telémaco*, de François Fénelon, mantuvo comunicación en código con sus cófrades y los jefes de la insurgencia: Telémaco, Mayo (Andrés), Nemoroso, Lavoisier y Henriqueta (Leona).

En su afán por unir adeptos a la causa, fue descubierta y delatada, quedando bajo la estrecha vigilancia de su tutor, de quien lograba siempre escabullirse. Por ello la recluyó en el convento de Belén de las Mochas, de la Ciudad de México. En medio de una gran conmoción por la insurrección de una mujer de la alta sociedad en plena capital virreinal, las autoridades la acusaron de insurgente, y su casa, ropa, dinero y joyas fueron confiscados. En el intenso juicio de la Real Junta de Seguridad y Buen Orden, demostrando gran fortaleza y temple, Leona no delató a ninguno de los rebeldes con los que mantenía contacto. Incomunicada, su destino quedaba en manos del virrey Francisco Javier Venegas.

Con gran astucia y con la ayuda de otros insurgentes, logró fugarse a caballo el 22 de abril de 1813 y durante cuarenta y dos días la dieron por desaparecida. Cerradas las garitas de la ciudad por su intensa búsqueda, probablemente se escondió en su propia casa con ayuda de la servidumbre, logrando pasar inadvertida ante los ojos de su tío, debido al duelo que aquejaba a don Agustín Pomposo por la muerte de su hijo Manuel en el bando de los odiados insurgentes. La muerte de su querido primo, un verdadero héroe a sus ojos, en la batalla de Puente de Salvatierra llenaba el corazón de Leona de sentimientos de profundo dolor y orgullo. Es entonces que, desde el campamento de López Rayón y José María Morelos en Tlalpujahua, Andrés le pidió que se reuniera con él.

Jugándose el todo por el todo, escapó mediante el osado pero muy hábil plan de sortear la vigilancia de los caminos; jalando unos burros de carga, los insurgentes que le ayudaron en la fuga del convento se disfrazaron de arrieros. Estos eran el coronel Francisco Arroyave, Antonio Vázquez Aldama, antiguo Dragón de la Reina y el maestro pintor, Luis Rodríguez Alconedo, quien le dio la pintura con la que Leona se disfrazó de harapienta moza negra, sentada sobre dos huacales de frutas y legumbres. El plan resultó un éxito, por lo que pudo encontrarse con Andrés en Oaxaca, uniéndose al ejército de Morelos. Sus acciones le valieron un gran respeto y una enorme admiración ante sus correligionarios. Incluso el Congreso en Chilpancingo, instalado el 6 de noviembre de ese mismo año, estando ella presente, decretó una pensión de cincuenta pesos mensuales para premiar su arrojo, pero que no pudo cumplir, debido a los apremiantes tiempos. Quedaba clara su valiosa colaboración en la conciencia de sus compañeros.

A partir de ese momento unió por siempre su destino al de Andrés Quintana Roo. Vivió a salto de mata por caminos, matorrales y caseríos, durmiendo en la intemperie y pasando todas clase de privaciones a las que no estaba acostumbrada, en pos de sus anhelos libertarios.

Hacia 1814, finalmente Leona y Andrés lograron casarse en Tlalpujahua. Ella continuó en las filas insurgentes con las labores de administradora, estratega, enfermera y asidua escritora en los periódicos rebeldes. Sorteó con valentía años aciagos llenos de peligros, pues la represión por parte del virrey y los realistas se intensificó más aún con la muerte del general Morelos el 22 de diciembre de 1815. La lucha armada de los rebeldes, acéfala, decayó drásticamente. Partieron a Michoacán y de ahí a Tierra Caliente.

En medio de esa vida errante, el 3 de enero de 1817, como muchas otras sencillas mujeres del campo, nació su primera hija bajo el cobijo de una cueva: Genoveva Quintana Roo Vicario. Escondidos en la sierra de Tlatlaya, a Leona no debieron resultarle fáciles las condiciones en las que se convirtió en madre. Pero una vez más, su fiereza y compromiso con la causa que creía correcta le impidieron aceptar los diversos indultos que el virrey Apodaca ofrecía desde 1816 a los insurrectos que dimitían. No lo hizo. Su amor de madre debió de profundizar el sentimiento de arraigo, pertenencia y lucha por esa patria a la que le profesaba un gran amor. Patria que heredaría ahora a su hija Genoveva y a las generaciones de mexicanos por venir. Por la que valía la pena continuar peleando.

Tras bautizar a la niña en Tejupilco, siendo el padrino el jefe insurgente López Rayón, el matrimonio se refugió en un rancho abandonado en Tlacocuspan, donde no dejaron de recibir las desalentadoras noticias del movimiento. Finalmente, fueron delatados a su paso por la sierra y aprehendidos el 18 de marzo de 1818. Ambos recibieron el indulto del virrey Apodaca unos días después. Una vez a salvo e imposibilitados de continuar con las actividades revolucionarias, fueron confinados a la villa de Toluca, en donde Leona tenía familiares. A pesar de la pobreza en que se encontraban, Toluca resultaba infinitamente mejor que la zozobra vivida en llanos y barrancas. Terminaban para Leona los días en el campo de batalla, pero no la pelea.

Vindicta insurgente por propia voz. Amor a la patria

Fue hasta 1820 que Leona pudo regresar a la Ciudad de México, donde nació su segunda hija, María Dolores, en honor al grito en contra del mal gobierno que una década atrás arengó como estallido Miguel Hidalgo en el pueblo de Dolores. Tras la consumación de Independencia de 1821 y el Imperio de Agustín de Iturbide, Andrés Quintana Roo ejerció de nuevo su profesión de abogado y ocupó distintos cargos a pesar de las diferencias ideológicas con este. Leona, por su parte, continuó escribiendo para algunos diarios y, tras la abdicación de Iturbide en 1822, solicitó al restituido Congreso que le fueran devueltos los bienes confiscados.

Reconociendo la vocación patriota de aquellos que habían sobrevivido después de sumarse a la lucha de Independencia, el Gobierno entregó a Leona, como reposición de sus bienes y en recompensa a sus servicios, la hacienda de Apan y tres casas en la Ciudad de México, en una de las cuales establecieron, después del periplo de la guerra, la residencia familiar en la Plaza de Santo Domingo. Con el fin de construir y consolidar el proyecto de nación por el que habían empeñado hasta sus vidas, continuaron participando en la vida política —Leona tras bambalinas—, haciendo frente a los embates de la gran inestabilidad de los siguientes años.

Incisivo, con el ánimo de denostarla y ridiculizarla, Lucas Alamán lanzó a Leona en 1831 la acusación pública de que su participación en la gesta insurgente únicamente se debió a motivos románticos, por su amor a Andrés Quintana Roo. Por «heroísmo romancesco» espetó, y no por un verdadero patriotismo. A ello respondió Leona, con la fuerza y fiereza de siempre, en una inteligente y vindicativa carta que ella y el resto de las mujeres eran capaces de desear la gloria y la libertad de la patria tanto como los hombres:

> Confiese usted, señor Alamán que no solo el amor es el móvil de las acciones de las mujeres, que ellas son capaces de todos los entusiasmos, y que los deseos de la gloria y de la libertad de la patria, no les son unos sentimientos extraños, antes bien suelen obrar en ellas con más vigor, como que siempre los sacrificios de las mujeres, sea el que fuere el objeto o causa por quien los hacen, son más desinteresados, y parece que no buscan más recompensa de ellos, que la de que sean aceptados.

De esa magnitud fueron sus hondos principios, confirmando una inteligencia y dignidad excepcionales, atributos con los que se vindicó como patriota y ser independiente, con ideales y convicciones. No sería la única vez que, por dichas ideas liberales, Leona se defendiera en sus publicaciones en los años posteriores. Lo mismo que Quintana Roo, que, a pesar de su trayectoria, fue perseguido durante el gobierno conservador de Anastasio Bustamante.

El 21 de agosto de 1842, la fiereza de Leona se extinguió a los cincuenta y tres años. Murió en su casa de la Plaza de Santo Domingo, dejando la impronta de su pasión revolucionaria, de sus sentimientos americanistas e ideales autonomistas.

Leona Vicario no temió al escándalo, al hambre, a la pobreza, a la muerte misma. Fue una mujer valiente, determinada, consciente de su valor como persona y sus derechos como mujer y como ser humano. Fue sensible a los agravios que un orden obsoleto perpetró contra quienes ya sentían un profundo arraigo a esta tierra. Un profundo amor a la patria. Un profundo amor a México.

Reforma y Segundo Imperio

Margarita Maza de Juárez

La auténtica mujer republicana

Ciudad de Oaxaca, 29 de marzo de 1826 -
Ciudad de México, 2 de enero de 1871

Ella [Margarita Maza] fue la colaboradora más fiel de la obra de Juárez,
su más adicta y amorosa compañera, su amiga más leal en las horas de infortunio,
ya que le ofreció apoyo moral a las leyes que él expidió,
las cuales modificaron la actitud de un pueblo;
les brindó a las banderas de la república, la protección moral,
símbolo de la familia mexicana en la época adversa de la intervención y del segundo imperio y,
señaló la austeridad y vigor de la democracia,
frente a la opulencia de una corte extraña.

ÁNGELES MENDIETA ALATORRE,

CENTENARIO LUCTUOSO DE JUÁREZ, 1972

Pocos meses sobrevivió el presidente Benito Juárez a la muerte de su esposa, la mujer con la que había compartido toda una vida de luchas, tragedias, glorias e ideales. El célebre personaje político de la tumultuosa segunda mitad del siglo XIX no actuó solo en su epopeya. Margarita Maza contribuyó a darle un rostro a la inestable nación mexicana con el triunfo de la República Restaurada en 1867. Compañera leal por casi tres décadas colmadas de guerras intestinas, invasiones extranjeras y un arbitrario imperio, Margarita actuó siempre como la más incondicional de sus aliados.

El Benemérito de las Américas no pareció acostumbrarse a la ausencia de su inquebrantable pareja. Cuando Margarita murió el 2 de enero de 1871, se comenzó a extinguir también la vida del presidente. Casi año y medio después, Benito Juárez murió el 18 de julio de 1872. Los intensos pasajes de su férrea complicidad no habrán de borrarse de nuestra Historia. Aunque su nombre estará por siempre vinculado al de un hombre tan destacado, Margarita Maza «de Juárez», las acciones de su vida brillaron con intensa luz propia. Comprometida con el proyecto que creía adecuado, la República liberal y la Constitución de 1857, se entregó a él en cuerpo y alma.

La activa contribución de Margarita Maza resultó indiscutible en la construcción de ese proyecto político. Tanto en la Guerra de Reforma, como en la Intervención francesa y el Segundo Imperio, adoptó una actitud propia: una ideología liberal y anticlerical profesada por sus experiencias de vida. En aquellos convulsos tiempos, soportó exilios, extenuantes viajes en soledad, penurias económicas para sostener a su familia, tragedias personales y un sinfín de desventuras, porque sintió la imperante necesidad de luchar contra los grandes problemas de México desde la postura republicana.

Pero Margarita habría de disfrutar poco las mieles de la victoria. No le tocó vivir los beneficios, sino largos periodos de sacrificio personalísimo dedicados a la incansable labor de su esposo. A lo largo de cuarenta y cinco años de vida, doce hijos y casi tres décadas al lado de Juárez, no logró gozar los tiempos de calma y triunfo más allá de un lustro. Hoy, sin la discreta, pero decisiva figura de Margarita Maza, no se entendería la realización del proyecto en el que ambos creyeron a pie juntillas.

Por fortuna, a Margarita la podemos conocer por voz propia. Escribió con detalle todo aquello por lo que empeñó vida y corazón. La recuperación de la nutrida correspondencia entre ella y su esposo da cuenta de esos actos y de esas convicciones. Desde la intimidad y la confianza, descubrimos su forma de ser, de pensar y, sobre todo, de actuar. Al escribir dicha correspondencia, sin intención de quedar bien con nadie, detalló sus pasiones y desnudó sus sufrimientos. Además de ser misivas de la vida privada que compartieron como matrimonio y familia, esas cartas constituyen un valioso y certero documento que comprueba la preponderante participación que tuvo Margarita Maza de Juárez en la consolidación de la nación mexicana.

Antigua Antequera, grana cochinilla y el abogado que nació en la sierra

Margarita Eustaquia Maza Parada nació en la ciudad de Oaxaca el 29 de marzo de 1826. Fue adoptada al nacer por una de las familias más adineradas de la región: la del matrimonio de Antonio Maza y Petra Parada. A su padre adoptivo lo llamaban el Gachupín, aunque en realidad su origen era italiano, pues había nacido en Génova. Antonio Maza logró hacerse de una considerable fortuna en la todavía Nueva España, en la región de la antigua Antequera (Oaxaca), durante el auge del cultivo y comercialización de la grana cochinilla.

La grana cochinilla es un ancestral colorante natural, color grana o granada (rojo intenso), proveniente del insecto que crece como parásito en el nopal *Opuntia*, especie endémica de Oaxaca con una enorme cantidad de ácido carmínico y que produce cualidades de pigmentación únicas. Dependiendo del tratamiento, se obtiene principalmente un rojo carmín, diversos tonos de rojo, morado o rosa. Fueron los mixtecos quienes comenzaron el cultivo del *nocheztli*, «sangre de tuna», como llamaban a la grana cochinilla, y obtenían el pigmento para utilizarlo como colorante y tributar a los mexicas, quienes los dominaban. A su llegada, los españoles se maravillaron con la calidad del teñido de sus textiles y comenzaron una millonaria actividad económica que, desde el inicio del virreinato, generaba cuantiosos ingresos a la Corona, tan solo detrás del beneficio de la plata y el oro.

Al conocerse en las cortes de Europa las telas de color saturado carmesí, el impacto fue inmediato, pues comenzó la enorme demanda de la grana cochinilla, del «rojo mexicano», para teñir tapices, telas y ropajes de reyes, nobles y del clero. Este intercambio no fue solo comercial, sino también cultural y de gran trascendencia, ya que los grandes maestros de la pintura europea desde finales del siglo XVI y hasta el XIX, como el Greco, Velázquez, Rembrandt y Van Gogh, entre muchos otros, utilizaron en sus paletas el rojo mexicano de grana cochinilla

para pintar sus más famosas obras, lo mismo que artistas novohispanos como Luis Juárez y Cristóbal de Villalpando. El cuantioso capital económico de don Antonio, el padre adoptivo de Margarita, provenía de ese diminuto insecto, célebre en el mundo entero.

Con respecto a su origen, fuentes históricas infieren que quizá Margarita sí era hija biológica de don Antonio, producto de una relación fuera del matrimonio, pero debido a los prejuicios sociales de la época no la reconoció. Por su parte, Petra Parada era de origen oaxaqueño. Margarita fue hija expósita, es decir, abandonada o expuesta en la Iglesia para su adopción, hecho desconocido por sus contemporáneos. Fue siempre una hija querida y cuidada, que no sufrió un tratamiento distinto en el seno de su familia. Aunque no era una costumbre para las mujeres, le procuraron una esmerada educación, la misma que recibieron sus tres hermanos hombres. De ellos, José Maza fue el más allegado a Margarita.

Su relación con Benito Pablo Juárez García comenzó desde que Margarita vio la luz primera. Benito supo de su existencia en el momento de su adopción, pues había llegado a trabajar a casa de los Maza Parada ocho años atrás, cuando él tenía doce. Llegó a la ciudad de Oaxaca desde San Pablo Guelatao, municipio de Ixtlán, donde nació el 21 de marzo de 1806. Su hermana, María Josefa Juárez, trabajaba con la familia como cocinera. Fue así como el joven Benito, de casi veinte años, conoció en la cuna a quien más tarde sería su esposa. Los padres de Benito, Marcelino Juárez y Brígida García, indígenas zapotecas de humilde condición, murieron cuando él tenía tres años, por lo que quedó bajo el cuidado de sus hermanas, María Josefa y Rosa; y del de sus abuelos paternos, Pedro Juárez y Justa López. Su hermana menor María, en cuyo parto murió su madre, fue criada por su tía materna, Cecilia García. A los pocos años, tras la muerte de sus abuelos, y porque sus hermanas ya se habían casado, el pequeño fue amparado por su tío, Bernardino Juárez, quien le enseñó las labores del campo.

Don Bernardino supo apreciar el talento y la inteligencia del chiquillo, por lo que, en sus ratos de ocio, le enseñó a leer y a escribir en español. De manera muy precoz, sembró en él el vehemente deseo de elevarse por medio del estudio. Era tanto el empeño de Benito por aprender que él mismo le llevaba a su tío el azote de cáñamo para que lo castigara si no se sabía la lección. Tal ímpetu habría de rendir abundantes frutos. Benito salió de su pueblo natal muy temprano la mañana del miércoles 17 de diciembre de 1818, siendo aún un niño, y cruzó a pie la inmensa sierra para estudiar en Oaxaca, la ciudad capital del estado.

Alojado esa misma noche en casa de Antonio Maza, se incorporó de inmediato en el cuidado de la grana cochinilla, el próspero negocio de la familia, ganando dos reales diarios. Un año después, entró a trabajar con Antonio Salanueva, encuadernador de libros y después su padrino de confirmación. Con trabajo y dedicación, Benito cumplió su sueño de estudiar. Primero, ingresó al seminario, pero a los veintisiete años abandonó la institución religiosa para inscribirse en el Instituto de Ciencias y Artes de Oaxaca, lugar que le cambiaría la vida para siempre. El sencillo joven estudió Leyes y se tituló de abogado.

Sobre la inmensa voluntad de Juárez por dejar atrás la marginación de su humilde condición, escribió más tarde en su inconclusa autobiografía, *Apuntes para mis hijos*, que sentía una gran impaciencia por progresar, pues no había escuela en el pequeño Guelatao, donde vivían apenas veinte familias. Además, los padres poco o nada cuidaban la educación de los niños y de la juventud. Quienes podían costearla enviaban a sus hijos a la ciudad de Oaxaca; quienes no, también, pero para ponerlos a trabajar como sirvientes de familias acomodadas, con la condición de que estas los enviaran a la escuela para que aprendieran a leer y a escribir en español.

Veinticuatro años después de su arribo desde la sierra de Oaxaca, Benito y Margarita se casaron en el templo de San Felipe Neri, el 31 de julio de 1843. La hija de familia de diecisiete años desposó al

prominente abogado de treinta y siete. Veinte años los separaban, algo muy común en los matrimonios de la época. Lo que no era muy común es que se casaran por amor, pero Margarita y Benito sí se amaban profundamente.

Los prejuicios sociales no pesaron en la decisión de Margarita para elegir a ese hombre de sólidas convicciones y el hábito de trabajar férreamente por ellas. Algunos autores atribuyen, tendenciosos, que la unión entre una muchacha de su posición social y un indígena puro zapoteca únicamente fue posible por la condición de ser una hija expósita. No parece ser verdad. Ellos se enamoraron tras profesarse una mutua y gran admiración, y siempre lo hicieron.

Antes de casarse, Benito tenía una sólida educación, una carrera política y un merecido prestigio. La familia Maza Parada apreciaba mucho al ya licenciado Juárez, quien para entonces había sido, además de un destacadísimo estudiante, maestro en el Instituto de Ciencias y Artes de Oaxaca, regidor del Ayuntamiento, diputado local, magistrado del Tribunal de Justicia y juez de primera instancia del Ramo Civil y de Hacienda. Esos eran cargos muy impresionantes para cualquier hombre y, en su caso aún más, por su inusitada superación y enorme habilidad para sortear los convencionalismos sociales y la discriminación racial.

Margarita era también una mujer que destacaba de entre las demás muchachas. Como resultado de la esmerada educación recibida en su casa, era instruida, inteligente y sensible a los valores humanos. No era prejuiciosa y contaba con una inusual determinación y criterio propios, raros en jovencitas de su edad. El historiador Daniel Muñoz y Pérez afirma que los miembros de la «nación zapoteca», como Juárez se refería a sí mismo y a los suyos, nunca fueron considerados inferiores en la familia de Margarita. Ella no dudó en romper el prejuicio social, al amar y casarse con un indígena puro zapoteca lleno de ideas reformadoras en contra de las injusticias del clero y de las clases acomodadas, pues en esa época se consideraba que solo de estas provenía

un buen partido para una joven de su clase. Empezaron así una vida en común, defendiendo incansablemente los principios que compartían.

Benito había estado casado antes con Juana Rosa Chagoya, con quien tuvo dos hijos, Tereso y Susana. El joven murió años después durante la Intervención francesa, y Susana, quien padecía una enfermedad mental, vivió toda su vida en la institución de la que su padre se hizo cargo siempre. Después de su boda con Margarita, la relación fue amorosa, cercana y entrañable. Ella habría de confesar con sinceridad que, a pesar de que su esposo no era guapo, toda la vida fue un gran compañero. Hombre de finos modales, elegante incluso en su habitual sencillo traje de levita y muy cariñoso en su trato hacia ella. Disfrutaban de largas caminatas y paseos juntos, así como de bailar. Entre ellos existía una profunda y discreta complicidad. Años después, sus compañeros de exilio darían cuenta de las dotes de bailarín de polcas de Benito, que hasta llegó a acabarse un par de zapatos en la pista de baile. La vida matrimonial en la ciudad de Oaxaca, donde se establecieron, comenzó viento en popa para ambos.

Primera dama en Oaxaca, pero también el destierro

Durante los siguientes diez años nacieron la mayor parte de sus doce hijos: nueve mujeres y tres hombres. Como era la costumbre, casi uno por año fueron llegando: Manuela (1844); Felícitas (1845); Margarita (1848); Guadalupe (1849), quien murió antes de cumplir dos años; Soledad (1850); Amada (1851), quien también falleció a los dos años; Benito (1852); las gemelas María de Jesús y Josefa (1854); José (1857), a quien con cariño le decían el Negrito, fue uno de los hijos predilectos de Benito, por lo que su muerte a los siete años les aquejó sobremanera; Francisca (1859) y, finalmente, Antonio (1864), quien tristemente también murió a los dos años. Señala la destacada diplomática e historiadora Patricia

Galeana que «la carrera ascendente de su marido parecía ofrecer a su familia una vida de felicidad y bonanza. No obstante, Margarita sufrió la primera pérdida (una de muchas): su hija Guadalupe murió antes de cumplir los dos años, en 1850».

Benito Juárez había sido secretario general del Gobierno de Oaxaca y designado, en 1847, gobernador interino. Dos años más tarde, tras la crisis nacional heredada de la guerra con Estados Unidos, fue designado gobernador constitucional. Margarita Maza se convirtió así en primera dama oaxaqueña. No obstante, la vida idílica y feliz de la pareja estaba por llegar a su fin. Las circunstancias, no solo personales sino políticas, se complicaron tremendamente para los Juárez Maza. A partir de ese momento, Margarita, además de esposa y madre, se convirtió en la compañera y cómplice de los ideales que Benito Juárez enarboló a lo largo de su vida personal y pública. El convencimiento de Margarita por la causa liberal se presentó en ocasión de la muerte de su primera hija, en 1850. A pesar de que ambos practicaban la fe católica, a Guadalupe la enterraron en el panteón civil de San Miguel, en congruencia con sus ideas reformadoras, y no en una iglesia, como correspondía por su cargo de gobernador. En ese Estado laico, Margarita comenzó poniendo el ejemplo.

Los embates de la situación económica y política de Oaxaca afectaron sin duda la vida del matrimonio y de muchos otros. Hay que recordar que, en todo el país, la Iglesia y el Ejército, las dos grandes y anquilosadas instituciones prevalecientes del virreinato a las que se oponía el liberalismo republicano, eran aún muy poderosas esas primeras décadas del México independiente.

La historiadora Margarita Dalton apunta que el escepticismo corría de la mano del fatalismo en los primeros años de la década de los cuarenta del siglo XIX. La economía no era boyante y parecía que el poder político estaría siempre en manos de los militares. Constituciones y leyes federalistas o centralistas cedían su paso unas a otras, a voluntad y gusto de quienes empuñaban las armas. Así, la efervescencia del idealismo de los años independentistas se apagó y dio paso a la desilusión. Día con día, los jóvenes estudiosos catedráticos del Instituto de Ciencias y Artes, abogados inquietos por la justicia social, corroboraban que los antiguos héroes de la Independencia ahora cambiaban de saco político-ideológico con la velocidad del rayo, por así convenir a sus intereses personales. El Gobierno y las autoridades religiosas continuamente sangraban a la sociedad.

Por si fuera poco, las calamidades por los enfrentamientos militares resultaron demoledoras a nivel local. Las más productivas fuentes del ingreso de la región oaxaqueña, como la producción de la grana cochinilla, fueron aniquiladas casi por completo. La proverbial riqueza generada por la comercialización del versátil pigmento se vino abajo estrepitosamente. El resto de la actividad comercial se vio truncada al desarticularse la cadena de producción del cultivo más importante por siglos y de la que formaban parte Oaxaca (Antequera), el Istmo de Tehuantepec, la sierra de los Cuchumatanes y la Ciudad de Guatemala. Dicha ruta comercial había distribuido otros productos como algodón, textiles, hilo, cera, achiote, cacao, vainilla y añil.

No solo el inestable panorama económico aquejó a la familia Juárez Maza. El tiempo les tenía reservadas las más grandes adversidades. Iniciaba «el periodo más oscuro y deplorable de nuestra historia», en palabras de José María Vigil. Para Benito y Margarita, comenzaba la epopeya de su larga lucha política.

Juárez era un adversario acérrimo del polémico general Antonio López de Santa Anna, figura central y cacical de la primera mitad del siglo XIX, tras haber perdido la guerra contra Estados Unidos protagonizó la muy amarga pérdida de más de la mitad del territorio nacional. Juárez le prohibió entrar a la ciudad de Oaxaca mientras él fuera el gobernador, por considerarlo «un peligro para la paz». La venganza de Santa Anna no se hizo esperar. Al regresar el caudillo al

poder (once veces durante más de veinte años) apresó a Juárez en 1853, lo envió a San Juan de Ulúa, Veracruz, y lo condenó al destierro en La Habana. Iniciaba por ende el calvario de Margarita.

Mientras que su esposo, tras ser expulsado de Cuba por el gobierno español, se refugiaba en Nueva Orleans, Estados Unidos, ella sufría sola en Oaxaca la persecución santanista de José María Cobos. Osada y decidida, abandonó la ciudad. No se refugió en la casa paterna. Margarita se fue con sus hijos a la pequeña localidad de Etla, donde tomó las riendas del sustento económico familiar. Estableció un sencillo tendajón y expendio de pan y, para obtener más ingresos, incluso tejía ropa infantil. Además de sostener a sus hijos, Margarita se las ingenió para enviar recursos a Benito en el destierro, quien apenas sobrevivía de lo que ganaba por enrollar tabaco. La determinación de Margarita por el proyecto liberal compartido con su esposo, así como las consecuencias por llevarlo a cabo, no fue de dientes para afuera. Lo vivió en carne propia a lo largo de su vida, así lo demostró una y otra vez.

Las Leyes de Reforma en propia piel

Grandes y profundos cambios trajeron la Guerra de Reforma y la promulgación de la Constitución de 1857. Y, aunque ninguna de las cartas magnas de México en el siglo XIX otorgó la ciudadanía a las mujeres, Patricia Galeana asevera que se lograron significativos avances. El proceso de secularización del Estado y la sociedad que se dio a partir de las Leyes de Reforma tuvo un impacto trascendental en la vida de las mujeres. El triunfo del proyecto liberal implicó la liberación de disposiciones novohispanas que aún perduraban. La mujer ya no debía ser la imagen y semejanza de la Virgen María ni procrear hijos para la santa madre Iglesia, sino ciudadanas para el Estado mexicano. El modelo «marianista» que operó durante siglos empezó a cambiar. Se requería entonces de la participación de la mujer, por lo que debía instruirse para fortalecer ese Estado. Con la Reforma, se dio una profunda revolución cultural que permitió que las mujeres accedieran a una educación similar a la de los hombres.

Pero el proceso de una educación incluyente continúa hasta el día hoy. La predominante formación religiosa, en especial la de la fe católica, está arraigada en los prejuicios sobre el papel de las mujeres en la sociedad. Contra todo pronóstico, pero sin duda resultado de su educación y capacidad intelectual, Margarita, asumiendo sus convicciones sin titubear, mostró un gran respeto por ordenar la vida pública mediante las leyes civiles. Solo en el ámbito de su privacidad practicó sus creencias religiosas. Toda la familia era católica practicante, pero siempre en privado. Esta premisa sobre separar lo religioso de la vida civil habría de causar una guerra intestina que derramó ríos de sangre en ese México que buscaba un cambio. Margarita vivió la Guerra de Reforma y su profunda transformación en carne propia.

Tres años duró la primera y dolorosa separación entre Margarita y Benito, aunque vivirían muchas más. Juárez apoyó, desde el exilio, la Revolución de Ayutla, por la cual se derrocó finalmente a Santa Anna. Al tomar los liberales el poder, Benito Juárez y sus aliados en la Guerra de Reforma reestructuraron de raíz a la sociedad y consolidaron el Estado liberal mexicano.

A su regreso triunfal, Benito Juárez ocupó el ministerio de Justicia, Instrucción Pública y Negocios Eclesiásticos. En ese cargo puso en marcha la Ley Juárez, que garantizaba la impartición de justicia desde los valores liberales. Con moderación, ordenaba la vida en materia civil para los temas de carácter público; la vida religiosa se mantendría en el ámbito de lo privado, mientras que el poder del Ejército quedaría bajo el mando civil. Solo se suprimieron el fuero eclesiástico y militar para asuntos civiles.

La respuesta fue brutal. El infierno se desencadenó al grito de «Religión y fueros». La guerra civil entre mexicanos, entre hermanos,

se puso en marcha. Miles se opusieron ferozmente al nuevo orden, queriendo conservar los valores religiosos como eje central de todos los aspectos de la vida, sin dejar de lado el poder militar que así lo garantizara. Ese fue el proyecto de nación que buscaron defender los conservadores. Perdieron.

Benito Pablo Juárez García se convirtió en el presidente constitucional de los Estados Unidos Mexicanos (la primera de cinco ocasiones entre 1857 y 1872). El indígena de la «nación zapoteca», el ciudadano igual ante la ley que sus contemporáneos, el fiel creyente del liberalismo político, llegó al lugar más alto para desde ahí restaurar el orden constitucional. Así, en 1861 se consolidó su triunfo absoluto. Sin embargo, un nubarrón aún más negro se postró sobre el horizonte de nuestra nación y el de los Juárez Maza: la Invasión francesa en 1862 con la Batalla de Puebla.

Ese mítico 5 de mayo las armas nacionales «fueron cubiertas de gloria por los mejores hijos de México» contra el más poderoso ejército del mundo, el de Napoleón III, tal como lo vivió y narró el general Ignacio Zaragoza. En esa ocasión se obtuvo la victoria en la batalla, pero al año siguiente se perdió la guerra.

El Segundo Imperio, el de Maximiliano de Habsburgo, apoyado por el monarca francés, irremediablemente se instaló en México en 1864. Hombro con hombro, los valerosos esposos de nuevo enfrentaron las penurias de la ocupación extranjera que duró cinco años de guerra sin cuartel. Finalmente, el 15 de julio de 1867, un mes después del fusilamiento de Maximiliano, fue restaurada la legítima República, federal y laica. Ese triunfo le exigiría un altísimo precio a Margarita.

Terribles golpes de suerte

En junio de 1866, el presidente Juárez estableció su gobierno en Chihuahua (hoy Ciudad Juárez) ante esos tiempos violentos. Fue invitado

a refugiarse en Estados Unidos, pero declinó la oferta. Astutas, las autoridades del Imperio difundieron la falsa noticia de su abandono para legitimarse. Meses atrás, en octubre de 1865, Maximiliano promulgó el decreto mediante el cual, para acabar con los republicanos, estos fueran pasados por armas *in situ*, por bandoleros. Juárez cargó de arriba abajo, en su austera diligencia y con tenacidad, el tesoro de la nación por miles de kilómetros a salto de mata, en todo el territorio nacional.

El tesoro que llevaba cargando en hombros no eran monedas ni lingotes de oro y plata, sino el archivo del Gobierno, su investidura constitucional, los hombres de su gabinete y la legitimidad completa de la República. Juárez llevaba a cuestas al país mismo. No solo eso, la pareja presidencial inició un gobierno y un matrimonio itinerantes, convencidos de las medidas extremas que en tiempos extremos debían asumir.

Margarita se convirtió, ante Estados Unidos, en una importante representante, en una especie de embajadora y vocera del gobierno legítimo y constitucional de México. Debido a la imposibilidad de Juárez para abandonar el territorio mexicano, pues eso significaba perder la legitimidad de la República, Margarita tomó partido una vez más y se refugió en el país vecino. Al ser una mujer pensante e inteligente, se cuestionaba su amargo destino, pero se sobreponía por convencimiento de ese autodestierro con una fuerza y convicción inusuales.

Para entonces, Manuela, su hija mayor, se había casado a los diecinueve años con el cubano Pedro Santacilia, un revolucionario de la Independencia de la isla caribeña exiliado en Nueva Orleans. Durante esos años del primer destierro de Benito se harían inseparables. Al convertirse en su yerno, también se volvió el incondicional apoyo para toda la familia. Pedro fue quien acompañó a Margarita y a sus hijos en el eterno peregrinar cuando se separaron del presidente, en tierras estadounidenses. Estimado profundamente por sus suegros debido a su lealtad y cariño, es a él a quien se debe el rescate de la nutrida

correspondencia entre Benito y Margarita, así como la escrita por los demás miembros de la familia Juárez Maza. Incluso fue él quien enfrentaría la tragedia que la ciudad de Nueva York le tenía preparada a Margarita.

Durante la precaria estancia de Margarita en territorio estadounidense, el 8 de diciembre de 1864, su hijo José murió en Nueva York. Pepe, su amado Negrito, enfermó al día siguiente de haberse mudado a la modesta casa ubicada en el número 210 de la 13.ª, calle Este, de la inhóspita urbe. El pequeño tuvo una severa fiebre biliosa que superó, pero una rampante pulmonía le dejó un pulmón inflamado y gravemente enfermo. Tristemente, Pepe no resistió. El ministro Matías Romero desde Washington, representante oficial del gobierno republicano en Estados Unidos, le daba un pronóstico equivocado al presidente en una carta: «El niño, a pesar de la gravedad, se conserva entero; come con apetencia y digiere bien; ha manifestado en su enfermedad una resistencia y un estoicismo inusitado en esa edad». Pepe murió a los siete años, lejos de su padre y de su patria. El golpe debió de ser brutal para Juárez, pues, antes de conocer el desenlace, le contestaba estas líneas al ministro Romero:

> No me extiendo más, porque bajo la impresión del profundísimo pesar que destroza mi corazón por la muerte del hijo a quien más amaba, apenas he podido trazar las líneas que anteceden. Digo por la muerte del hijo a quien más amaba porque, según los términos de su carta de usted que recibí anoche (25 de enero), he comprendido que solo por lo funesto de la noticia no me la ha dado usted de golpe, pero, en realidad, mi amado hijo ya no existía, ya no existe, ¿no es verdad? Con toda mi alma deseo equivocarme y sería yo muy feliz si para el próximo correo, que espero con verdadera ansiedad, se me dijera que mi hijo estaba aliviado. Remota esperanza que un funesto presentimiento desvanece diciéndome que ya no hay remedio.

Recibió la confirmación de la fatal noticia del ministro Romero en su misiva del último día del año, pero la leyó hasta febrero de 1865. Su encanto, su orgullo y su esperanza sí habían muerto. Juárez, en medio de su desolación, se afligió profundamente por la salud de su «pobre Margarita, por lo que ha sufrido por este golpe que la suerte ha descargado sobre nosotros», escribió conmovido. Pero la suerte no había terminado de descargar su furia sobre ellos, sobre el lacerado espíritu de Margarita por la pérdida de Pepe.

Unos pocos meses después, el 12 de agosto de 1865, el benjamín de la familia, Antonio, murió también en sus impotentes brazos, tras una agresiva enfermedad. Margarita estaba devastada por la inconmensurable tragedia. La muerte le arrancaba a uno más de sus hijos. Ya contaban cinco pérdidas con las de sus pequeñas hijas años atrás, ¡dos de ellas en el lapso de ocho meses! Pepe había muerto de siete años, y Toño, de dos, en esa casa, sin las condiciones necesarias, como una adecuada calefacción y ventilación para afrontar el duro invierno neoyorkino. Perdió a dos de sus tres hijos varones. Benito fue el único que llegó a la adultez.

Si bien la mortalidad infantil era un hecho doloroso, pero también lamentablemente muy común en la época, no debió de ser fácil para ella afrontarla en esas trágicas condiciones de incertidumbre por el futuro de su esposo y su gobierno ante la invasión del Imperio de Maximiliano en México, por el desolador exilio y la distancia en un país extraño, por la estrechez de recursos y por la separación de la familia. Los cuerpos de los niños fueron acompañados por casi todos los mexicanos que residían en Nueva York hasta el cementerio de Greenwood, en Brooklyn. Ahí fueron inhumados debidamente, preparados para preservarlos y depositados en una bóveda. En cuanto fuera posible, si terminaba el Segundo Imperio, los podrían trasladar para ser enterrados en México. La escena fue absolutamente desgarradora.

Ahora conocemos el triunfo de la República en 1867, pero sin duda fueron momentos de gran desesperación para Margarita. Cualquier otra mujer quizá se habría vuelto loca. «¿Algún día regresaría la calma a su corazón y a su patria? ¿La lucha por el México de sus ideales valía el sufrimiento en lo más profundo de sus entrañas?», esas y otras preguntas debió de formularse Margarita, devastada.

Si la correspondencia fue siempre continua entre los esposos, más en aquella pesadilla. El 15 de septiembre de 1865, ante la terrible y abrumadora realidad, Juárez le escribió a su esposa tratando de consolarla:

> Mi muy amada Margarita: Te supongo llena de pesar por la muerte de nuestro tierno hijo Antonio como lo estoy yo también. La mala suerte nos persigue; pero contra ella qué vamos a hacer; no está en nuestra mano evitar esos golpes y no hay más árbitro que tener serenidad y resignación. Sigue cuidando a los hijos que nos quedan y cuídate tú mucho. Procura distraerte y no fijes tu imaginación en las desgracias pasadas y que ya no tienen remedio. Yo sigo sin novedad y no tengas cuidado por mí ni hagas caso de las noticias malas que esparcen los enemigos. Yo digo a Santa (su yerno) que conviene devolver inmediatamente unos vales que le dio el Gral. Carbajal a cuenta de mi sueldo porque así conviene. Abraza a Nela, a las muchachitas y a Beno y recibe el corazón de tu esposo que te ama y no te olvida. Benito Juárez.

A pesar de estar rota por dentro, Margarita logró sobreponerse y continuar apoyando a la República de manera ejemplar. Ante la persistencia del Segundo Imperio, promovió activamente en distintos periódicos la causa en contra de la injusta invasión extranjera y el derramamiento de sangre mexicana. Muy eficientes resultaron sus métodos políticos. Mediante esa propaganda, logró que más jefas de familia como ella estuvieran informadas y participaran durante esos momentos de crisis en nuestro país. Fundó un grupo de damas, una Junta de Caridad, la

cual fue el único quehacer público formal que desempeñó. Margarita administraba y canalizaba personalmente los donativos económicos recibidos. También asistió en representación de la República a ciertos eventos oficiales desempeñando un rol diplomático inesperado para una mujer. Prácticamente fue la primera embajadora mexicana en la Casa Blanca.

El presidente estadounidense Ulises S. Grant ofreció un baile en honor a Margarita Maza de Juárez y al gobierno itinerante mexicano en resistencia frente a la Invasión francesa. La impresión que causó Margarita fue absolutamente positiva para la causa liberal republicana, entablando, según consta en sus cartas, una muy buena relación con el ministro Seward, difícil pero fundamental personaje en la política estadounidense. A dicho evento, Margarita llevó un clásico y favorecedor vestido negro que Benito le había regalado tiempo atrás en Monterrey, en uno de los múltiples escapes. La prensa exageró su apariencia cargándola de supuestas joyas y alhajas, por lo que ella escribió a su esposo: «Es falso que fuera con brillantes y muy elegante, pues llevaba el único vestido que tengo, el que me regalaste en Monterrey, con los únicos aretes que tengo».

Fueron años de gran pesar, pero también de grandísima entereza y congruencia. La factura de sus penas la pagó con sangre, sudor, lágrimas y salud. El 2 de febrero de 1871, la excepcional mujer —que se casó con el prominente abogado zapoteca veinte años mayor, que dio vida a doce hijos para entregar cinco a la muerte, que cruzó la sierra de Oaxaca a pie por la persecución política, que departió en la Casa Blanca como representante de nuestro país— murió de cáncer, sin siquiera haber cumplido los cuarenta y cinco años, rodeada del amor de su esposo y su familia, en el ala sur de Palacio Nacional, en el corazón del México por el que soñó, creyó y luchó tenazmente; en el corazón de esa Historia que forjó con gran dolor, pero también con gran conciencia.

Auténtica mujer republicana

A pesar de su trepidante vida, Margarita Maza no escapó a la visión que la sociedad decimonónica tenía sobre la participación de la mujer en la vida pública. Sobre ella pesó desde entonces la anquilosada loza de una imagen estereotipada de su persona: la de la abnegada mujer mexicana capaz de los mayores sacrificios por amor al esposo y a los hijos, por un concepto del deber casi sagrado. Es verdad que, por sus acciones y correspondencia, demostró un profundo e innegable amor por los suyos. Pero también es cierto que no solo vivió una vida de abnegación y sacrificio, sino de sólidas convicciones y principios políticos. Soportó los embates y vaivenes del poder, participando en momentos de absoluta incertidumbre, de guerra civil, muerte, destrucción, bancarrota, hambruna, escasez y zozobra.

Concepción Lombardo, esposa del presidente conservador Miguel Miramón, y la emperatriz Carlota, esposa de Maximiliano de Habsburgo, protagonizaron el mismo cruento episodio histórico de México que Margarita Maza, dejando cada una, desde sus propias creencias y antagónicas posturas, la huella indeleble de su participación en acontecimientos importantes durante la convulsa mitad del siglo XIX.

¿Qué es lo que hace que el proceder y la personalidad de Margarita Maza sean tan excepcionales? No fue el prototipo de la mujer común de su tiempo, pues su educación estaba por encima del nivel de las señoritas de su posición social, aunque no se conformó con ser una más de las privilegiadas. Fue su voluntad hacer extensiva esa preparación a sus hijas, dotándolas de una esmerada instrucción. Resulta notable que, ante las circunstancias tan adversas, el matrimonio supervisó personal y meticulosamente los estudios de sus hijos, incluidas las mujeres.

Margarita compartió la responsabilidad de la familia que formó con Juárez y del destino de este como figura pública. No se esperaba que las mujeres acompañaran de esa forma a sus esposos; es decir, Margarita no se quedó en su hogar cosiendo y bordando abnegadamente, o refugiada en casa de sus padres ante el exilio de Juárez. Guardar la supuesta moral y las supuestas buenas costumbres le venían sin cuidado. Lo acompañó adonde fuera necesario, por amor a él, sin duda, pero también por ejercer una clarísima posición política que creía correcta. Margarita Maza de Juárez pertenece a esa generación de liberales.

El 31 de diciembre de 1967, se fundió en oro su nombre en el Salón de Sesiones de la Cámara de Diputados. Sus restos descansan en el emblemático mausoleo en el Panteón de San Fernando, de la Ciudad de México, llamado «La Patria recibiendo a Juárez», en honor a esos hijos a quienes la República liberal debe la victoria: la familia Juárez Maza.

Carlota de Bélgica

Emperatriz de México. Entre el trono y la penumbra

7 de junio de 1840, Castillo de Laeken - 19 de enero de 1927, Castillo de Bouchout, Bruselas, Bélgica

Yo soy María Carlota Augusta Amelia Victoria Clementina Leopoldina,
Princesa de la Nada y del Vacío, Soberana de la Espuma y de los Sueños,
Reina de la Quimera y del Olvido, Emperatriz de la Mentira:
hoy vino el mensajero a traerme noticias del Imperio, y me dijo que
Carlos Lindbergh está cruzando el Atlántico
en un pájaro de acero para llevarme de regreso a México.

FERNANDO DEL PASO, *NOTICIAS DEL IMPERIO*

Todo llegó a su fin y terminó en nada.
Dios quiera que se nos recuerde con tristeza,
pero sin odio.

CARLOTA DE BÉLGICA, *EN SU LECHO DE MUERTE,*

7:00 A. M., 19 DE ENERO DE 1927

Mundos más disímiles no pudieron haberse entrelazado; quizás no debieron hacerlo. Desde un principio, el llamado «Episodio Mexicano» —como se le conoce en la historia de Europa al efímero Imperio de Maximiliano y Carlota en México— se trató de una empresa imposible, incluso absurda. «Se diría que una epidemia de estupidez cundió por los tronos de Europa, en uno de los capítulos más bochornosos de toda la Historia», apuntó Alfonso Reyes décadas después. El Segundo Imperio Mexicano, que duró de 1864 a 1867, se trató de una invasión matizada con falsas promesas, enmarcada en la intrincada geopolítica entre potentes naciones y continentes.

El enorme despropósito acarreó terribles consecuencias, no solo para nuestro país —ya convulso por una guerra civil—, sino también para los ilusos y ambiciosos jóvenes monarcas. De esa misma magnitud fue el tamaño de su debacle: estrepitosa, fatídica. Pero no se debe confundir ilusión con necedad. Cultos, preparados con esmero para gobernar y empapados en todos los rubros del conocimiento, los emperadores erraron en su decisión de «aceptar el trono» de una nación que ya era libre y soberana. No supieron, o no quisieron, entender la realidad debajo del México que aparentemente «los invitó a conducir su rumbo como monarcas» como tampoco entendieron el tablero internacional de un juego de ajedrez que terminarían perdiendo. De haberlo hecho, jamás habrían abordado la *Novara*, a orillas de Miramar, con destino a Veracruz, hacia la tragedia salpicada de sangre y guerra que devoró furiosa a Carlota, a Maximiliano, y a cientos de mexicanos y franceses.

Con veinticuatro años recién cumplidos, Carlota era, para entonces, princesa de Bélgica, archiduquesa de Austria-Hungría, exvirreina de Lombardía-Véneto y emperatriz de México, aunque no lo fue por mucho tiempo. Vertiginosamente, antes de cumplir los treinta, dejó de ser todo aquello para convertirse en la princesa que perdería Imperio, matrimonio y hasta a sí misma. Por largos lapsos, Carlota tendía a perder la razón en la penumbra de su mente enferma, hasta que llegó el día en que no supo más quién era. Prácticamente, nadie más la recordaría por los siguientes larguísimos sesenta años en que tardó en llegar la hora de su muerte.

Viuda, desorientada, recluida, aislada del mundo y del seno familiar, arrastró décadas de existencia. Hay varias versiones sobre las frases que pudieron ser su último murmullo. La octogenaria princesa suspiró, agonizante, en su lecho de muerte: «Todo llegó a su fin y terminó en nada. Dios quiera que se nos recuerde con tristeza, pero sin odio...». Esta misiva bien puede interpretarse como que ese último recuerdo, ese último suspiro entre anquilosados velos de tiempo y sinrazón, Carlota se lo dedicó a los fugaces años en México. Una pequeña bandera mexicana veló siempre sus sueños, desde su íntima mesa de noche.

Educada para gobernar: «la princesa más bonita de toda Europa» y el heredero que no fue

María Carlota Amelia Augusta Victoria Clementina Leopoldina de Sajonia-Coburgo y Gotha y de Orleans Borbón-Dos Sicilias, como fue su nombre completo, nació el 7 de junio de 1840, en el Castillo de Laeken, Bruselas, en el seno de una de las cortes más jóvenes y ricas de Europa.

Hacía apenas una década atrás, en 1830, Bélgica se había independizado de los Países Bajos. El príncipe alemán Leopoldo I de Sajonia-Coburgo y Gotha, padre de Carlota, fue el primer monarca que tuvieron los belgas. Viudo, luterano y muy inteligente, se casó en segundas nupcias con la madre de Carlota, la princesa Luisa María de Orleans Borbón-Dos Sicilias, hija del último rey que tuvo Francia, Luis Felipe de Orleans; era una mujer solitaria, bondadosa y profunda que gustaba de escribir y pintar.

Carlota fue la única mujer y la menor de los cuatro hijos del matrimonio real belga: Leopoldo (rey Leopoldo II), Felipe (conde de Flandes) y el primogénito, Luis Felipe, que murió a los diez meses de nacido. Fue nombrada así por sugerencia de su propia madre, en memoria de la primera esposa de Leopoldo, la princesa Carlota de Gales, y en atención al amoroso recuerdo que su ahora esposo le guardaba a la difunta reina.

Rancio abolengo y sangre azul corrían a raudales por las venas de la alegre, dulce y expresiva niña Carlota. A pesar de que el monarca hubiera preferido un tercer hijo varón, la pequeña le robó el corazón de inmediato, atesorándole como su «graciosa y pequeña sílfide de cuento de hadas». Según relatan sobre su infancia las historiadoras Suzanne Desternes y Henriette Chandet, «Carlota era parlanchina, ladina, caprichosa también, bonita con su rostro redondo y fresco, su boca de cereza y sus grandes ojos... y muy despierta».

Al ver que su madre leía siempre, a los dos años aprendió ella y conservó a lo largo de su vida el gusto apasionado por los libros. Fue

muy seria y consciente, en todo momento, de su dignidad real desde la más tierna edad, cuando ya aparecían en ella los rasgos dominantes de su carácter: era enérgica y determinada.

Su madre, la reina Luisa María, aseveraba lo mucho que se parecía a su padre: «Juraría que es la miniatura de Leopoldo». Carlota aprendió de él la disciplina y el tesón protestantes, y de su madre, la misericordia católica por los desventurados. Cuando apenas tenía diez años, la niña vio morir a su madre, poco a poco, de tuberculosis, tras largos y penosos años.

Huérfanos de madre, Leopoldo se encargó de la crianza de sus hijos, procurándoles a los tres una educación esmerada con brillantes maestros y tutores. Aunque esta instrucción estaba reservada para los hombres, Leopoldo la acercó a la princesa, convencido de que Carlota tenía las cualidades para un día hacerse cargo de un reino. Absorbía, sedienta, lecciones de historia, aritmética, idiomas, filosofía, dibujo, ciencias políticas y hasta estrategia militar. Inflexible e intransigente estudiante, cuando tenía trece años le confió en una carta a su institutriz lo orgullosa que se sentía de sus avances académicos, en la que también asomaban sus inseguridades tempranas: «He madurado mucho y soy menos rara que antes». En ese proceso de preparación, con frecuencia asistía a las reuniones de Estado de la corte, donde escuchaba asuntos de política interior y relaciones internacionales.

La ausencia de su madre la hizo solitaria, por lo que en la adolescencia Carlota empezó a mostrar sutiles fisuras emocionales que quizá hoy podrían explicarse como los primeros quiebres de su mente, aunque no existe registro médico de ese momento. Contradictoria, buscaba definirse a sí misma:

> A mí me gustan tres cosas: el peligro, el deber y causarme dolor. He aprendido siempre todo lo que me han enseñado y pronto; nada me desalienta cuando hay una obligación y un objetivo. Detesto las fortunas que no han costado nada y las coronas que nacieron ya sobre la cabeza. Siento

> que tengo el temple necesario para abrirme paso en este mundo, para construirme un espacio que yo misma habré creado, que yo iniciaré y que yo sostendré.

O bien: «Soy apática. No tengo ambición de nada. No soy suficientemente ardiente en mis estudios. La única cosa que quiero es aquello que no puedo obtener, lo cual prueba que debo tener un espíritu deforme».

Sin dar mayor importancia a esa faceta, atribuida a la pubertad y a la orfandad materna, Carlota cumplió los dieciséis años siendo una de las jóvenes más bellas, inteligentes y cultas de la nobleza; «es la princesa más bonita de toda Europa», presumía el rey belga. Los lazos de sangre y las múltiples conexiones de Leopoldo I con las principales casas de Europa y Asia ubicaron a la joven Carlota como un gran partido.

De ojos grandes y talle esbelto, el ser bella, sin embargo, no significaba su mayor atributo: lo eran su fuerza de voluntad, conocimiento, ambición e inteligencia. Ávida por la lectura, escribía y hablaba inglés, francés, alemán e italiano; disfrutaba de tocar el piano y pintar tanto como de nadar y montar. Según la lógica de ese mundo en que creció, había llegado el momento de casarse y buscar el anhelado trono que regir y por el que tanto se había entrenado, al mismo nivel que el de un hombre. Pero, tratándose de una mujer, sus principales atributos no resultarían tan lógicos, después de todo, en esos inequitativos tiempos.

Ese mismo verano, el cauce de su destino lo encontró en los azules ojos de mirada soñadora del alto y delgado archiduque heredero de la casa de Austria. A los veinte años, Fernando Maximiliano de Habsburgo, hermano menor de Francisco José, el emperador de la poderosa Austria-Hungría, era el primero en la línea de sucesión y se encontraba de visita en Bruselas, mientras viajaba en busca de su futura esposa. En junio de 1856, en uno de los salones del palacio de Laeken, Maximiliano impresionó profundamente a Carlota, robándole el corazón de inmediato. Maximiliano se mostró contento y complacido al conocer a

Carlota; así como interesado, pero no tan enamorado, pues llevaba en el alma el reciente dolor de la trágica muerte de su prometida María Amelia de Braganza, hija de la emperatriz de Portugal.

Elegante, ocurrente, amable, de risa fácil, voz sonora y aguda, Max, como lo llamaban sus allegados, era un hombre apuesto, salvo por el mentón retraído (retrognatia) que le restaba carácter y que escondía bajo una barba rubia como su cabellera. No podía provenir de cuna más dorada. Nació en uno de los palacios más bellos y majestuosos del mundo, Schönbrunn, a las afueras de Viena, el 6 de julio de 1832. A orillas del Danubio, estaba el hogar de los Habsburgo, los poderosos soberanos de Austria desde el siglo XIII, quienes, por alianzas y una férrea política expansionista, llegaron a poseer territorios en Hungría, España (por ende, Nueva España), Francia, Italia y los Países Bajos.

Era hijo de Francisco Carlos y Sofía Wittelsbach. Además de Francisco José, tuvo otros dos hermanos menores que él, Carlos Luis y Luis Víctor. Alegre y encantador, fue el niño consentido de la corte. Hans Christian Andersen le narraba cuentos de hadas de propia voz en el fastuoso Schönbrunn. Al igual que Carlota, recibió una esmerada instrucción como posible heredero. El conde Heinrich Bombelles, oficial del ejército, se ocupó severamente de su educación y la de su hermano mayor. Max no solo hablaba alemán, francés e inglés, también dominaba los idiomas del Imperio: italiano, húngaro y polaco. Practicaba equitación, esgrima y danza; esta última al ritmo de los valses de Johann Strauss en persona, en las suntuosas fiestas de la corte vienesa.

Contrario a su hermano el emperador, Max tenía ideas y principios liberales, y era a la vez banal y culto. Los múltiples viajes que desde muy joven moldearon parte de su formación lo bañaron de cultura y sensibilidad por el arte, la arquitectura, la música y la historia de cuanto sitio conocía. Buscaba lo bello, lo exótico. Fue un marinero experimentado como comandante en jefe y fundó los cimientos de la flota de Austria. Nada le gustaba más a Maximiliano que hacerse a

la mar en su adorada fragata la *Novara*; nombrada así tras la victoriosa batalla de Austria en Piamonte en 1849.

Visitar la tumba de sus antepasados los Reyes Católicos de España en Granada dejó en él una honda huella, por sentirse heredero de su estirpe y la del emperador Carlos V. Uno de los motivos por los que más tarde aceptaría el periplo mexicano fue la sensación de orgullo por descender de la dinastía que volvería a reinar en México. Él sería el primer Austria en pisar tierras americanas, en aquel Imperio en el que siglos atrás «no se ponía nunca el sol».

Después de conocer a Maximiliano, para Carlota ningún otro de sus pretendientes —ni siquiera el recién coronado rey de Portugal, Pedro V— encarnaba, como él, todos y cada uno de sus intereses. Además, para su enorme fortuna, ella se había enamorado de él. Carlota encontraba la felicidad absoluta, sin sospechar el espantoso desenlace de su futura desdicha.

De vuelta en Schönbrunn, Max encontró la venia de su madre, la reina Sofía, de su hermano el emperador y de la esposa de este, la emperatriz Isabel de Baviera —la mítica Sissi—, para casarse con Carlota. Así que, convencido de su acertada elección, regresó a Bruselas para pedir la mano de Carlota; confesando, eso sí, que le preocupaba un poco que fuera tan inteligente.

Leopoldo I, no muy contento por ver a Max tan lejos de reinar en Austria, condescendió al ver tan ilusionada a Carlota, dándole una dote de medio millón de francos y un aparejo de diamantes. La fortuna personal de la princesa belga se calculaba en dos millones de francos. Carlota, de diecisiete años, y Maximiliano, de veinticinco, se casaron con toda pompa en Bruselas el 27 de julio de 1857. Carlota se convirtió así en la archiduquesa de Habsburgo.

Francisco José nombró a Max como virrey de la provincia italiana de Lombardía-Véneto. Carlota empleó en su nuevo rol de virreina todo lo antes aprendido. Pero los vientos de cambio e independencia, así

como la forma liberal de gobernar de Max, se contrapusieron a la represión que quería imponer Francisco José en la provincia. Una pieza del ajedrez de la geopolítica europea se movió en su contra: Napoleón III de Francia, emperador sobrino de Bonaparte, apoyó a los rebeldes italianos con su ejército, logrando la separación final de la provincia italiana del Imperio austrohúngaro, en las batallas de Magenta y Solferino en junio de 1859.

Carlota se sentía derrotada política y personalmente: su vida de pareja tampoco iba por buen camino. En ninguna de las ocasiones en que estuvo en Schönbrunn, Carlota logró estrechar lazos con la familia imperial, a lo cual se sumaba que Francisco José deseaba mantener a Max lo más alejado de la corte. Avecindados en Trieste, a orillas del mar Adriático, Max empeñaba, diligente, los días a la construcción de la que sería la residencia de los archiduques, sobre un pequeño montículo con idílica vista al mar: el castillo de Miramar. Soberbio, de piedra caliza, blanco macizo, con garitas y torres con almenas, terraza de granito traído del Tirol, escaleras de mármol y rodeado de jardines de adelfas, olivos, mirtos, laureles y palmas. La réplica de uno de los camarotes de la *Novara* era la biblioteca de seis mil volúmenes que Max había diseñado.

A pesar de la vida apacible en tan hermoso lugar, el distanciamiento entre los dos era ya irreversible. Durante un viaje a Brasil, llegaron a la isla de Madeira, en donde la melancolía y tristeza de Max por la fallecida María Amelia los llevó a visitar su tumba. Este hecho debió de haber herido profundamente a Carlota, quien, más adelante en la travesía hacia las Islas Canarias, enfermó y tuvo que regresar a Madeira sola. Carlota no acompañó a Max a Brasil, quien partió ilusionado y feliz a la aventura por el inmenso océano, los puertos y las bahías de San Salvador y Río de Janeiro, a las selvas y los parajes brasileños y al encuentro con su primo, el emperador Pedro II.

Mientras tanto, su joven enamorada y flamante esposa lo esperaba en la isla donde Max también había enterrado el corazón que latía en carne viva por un amor imposible. Finalmente, Carlota entendió que su esposo no la amaba. A su regreso a Miramar no volvieron a compartir intimidad, ya sea por ese desamor, por una enfermedad que contrajo Max en Brasil, por una infidelidad del archiduque o por todas esas razones.

Max escribía poesía, tocaba el órgano y leía en su biblioteca. Ambos eran muy queridos en la pequeña localidad costera. Pero la ambición por un reino no cesaba en la cabeza de Carlota, quien, aburrida de ver pasar la vida, sentenció a Max: «No quiero contemplar una roca hasta los sesenta años», refiriéndose al peñasco donde estaba Miramar. Solo viviría ahí cuatro años de su larga vida. A pesar de la ruptura sentimental, continuaron juntos en la empresa que por esas fechas comenzaba como un fuerte rumor: el trono de México. Así se gestaba el escenario de la tragedia que arrasó con tanto y tantos.

La «oportunidad» de un trono. Carlota, emperatriz de México

Durante la década posterior a la derrota sufrida por México frente a Estados Unidos (1846-1848), y debido a la pérdida de más de la mitad del territorio nacional, muchos mexicanos estaban a favor de una reforma y la redacción de una nueva constitución que limitara los privilegios de la Iglesia y del Ejército. Pero muchos otros mexicanos no lo creían así. El conflicto armado se derivó de esas dos opciones políticas: la de los conservadores que buscaban un régimen que respetara las prerrogativas de esas dos poderosas instituciones, y la de los liberales que, en nombre del progreso, creían poder avanzar según los preceptos de la Reforma y la subsecuente Constitución de 1857. Con la Guerra de los Tres Años o Guerra de Reforma, el grupo vencido,

los conservadores, se dio a la tarea de estructurar rápidamente la venida de un príncipe europeo, un joven cristiano de la nobleza europea para gobernar bajo su modelo político.

Tras la cruenta lucha, las arcas del Estado se encontraban en bancarrota y el presidente Benito Juárez declaró en 1861 una moratoria de dos años del pago de los intereses de la deuda extranjera. Los países prestamistas no estuvieron de acuerdo y enviaron tropas al Puerto de Veracruz en una expedición formada por fuerzas británicas, francesas y españolas dispuestas a cobrarle la deuda a México. Rápidamente, el presidente Juárez renegoció la deuda y España y Gran Bretaña se retiraron de las costas mexicanas; pero Napoleón III, emperador de Francia, argumentando una deuda de sesenta millones de pesos, decidió continuar con el ataque. Así, el ejército francés fue derrotado en la memorable Batalla de Puebla del 5 de mayo de 1862; sin embargo, además de la humillación por la derrota, el trasfondo por cobrar esa deuda era en realidad el interés de Francia por invadir México. Entonces, un año más tarde, se impusieron ganando la guerra, y Napoleón III vio la oportunidad de establecer un imperio en México.

Napoleón III veía de mucha utilidad a Maximiliano, pues, por un lado, calculaba que su imperio le ayudaría a congraciarse con Austria-Hungría por haber apoyado la separación de Lombardía-Véneto y, por el otro, cumpliría su deseo de apoderarse de México. Empezó a correr la voz hacia el archiduque sobre la posibilidad de establecer en nuestro país una monarquía mexicana con el apoyo de la ya en marcha Invasión francesa: «Lo que hace falta en México es una dictadura liberal, es decir, un poder fuerte que proclame los grandes principios de la civilización moderna, tales como la igualdad ante la ley, la libertad civil y religiosa, la probidad de la administración, la equidad de la justicia», escribió Napoleón III con astucia. Su modo de pensar coincidía con el de Maximiliano, embelesado por la idea de que nuevamente un Habsburgo pudiera ostentar un trono en América.

Se gestó entonces la combinación catastrófica: la inestabilidad política, económica y militar de nuestro país tras la guerra civil; los intereses expansionistas de Francia al mando del volátil y ambicioso Napoleón III por extender sus dominios del otro lado del mar; y los sueños de unos príncipes sin un terruño al cual gobernar. Maximiliano y Carlota se vieron inmersos en la ensoñación de una perversa fantasía; el despertar sería expedito y devastador.

En agosto de 1863, una delegación de monarquistas que, de igual manera, pensaban que la solución para remediar los males que aquejaban a nuestro país era a través de un déspota ilustrado, salió hacia el castillo de Miramar para ofrecer formalmente a Maximiliano el trono de México. Pensaban que los miembros de las casas reales eran quienes tenían las mejores herramientas para gobernar, pues habían sido educados para ello y procedían de generaciones que detentaban el poder. La idea de las democracias estaba relativamente en ciernes y, salvo por periodos en Francia y Estados Unidos, no se había consolidado todavía. La delegación de conservadores, conocida como Junta de Notables, arribó a Miramar el 3 de octubre de 1863. José María Gutiérrez de Estrada, José Manuel Hidalgo y Esnaurrízar, Juan Nepomuceno Almonte (hijo de José María Morelos), Ignacio Aguilar y Marocho, Antonio Escandón, Tomás Murphy, Joaquín Velázquez de León, y Ángel Iglesias y Domínguez (nieto de Josefa Ortiz de Domínguez) se entrevistaron con el archiduque a los pies del mar Adriático. Maximiliano, complacido, puso dos condiciones para aceptar: el beneplácito de México y la protección militar de Francia. Ambas fueron satisfechas en las formas, mas no cumplidas en los hechos. Esa sería la venda que los archiduques, obtusamente, se pondrían sobre los ojos para lanzarse al vacío del Episodio Mexicano. A partir de ese momento, Carlota se convirtió en la emperatriz de México, y se materializaba el Segundo Imperio para nuestro país, encabezado por Maximiliano I.

Tomada la más importante decisión de sus vidas, Carlota y Maximiliano viajaron ilusionados a París en marzo de 1864, donde fueron recibidos con honores en el Palacio de las Tullerías. Napoleón III puso a la disposición de su naciente imperio veinte mil soldados hasta el año de 1867, que serían remplazados por una legión extranjera otros seis años más. Max contrajo también el préstamo de doscientos setenta millones de francos para cubrir los primeros gastos de la expedición, que eran compromisos plasmados en la llamada Convención de Miramar. La emperatriz Eugenia de Montijo, esposa de Napoleón III y de origen español, se mostró también muy entusiasmada, pues sintió una especial fascinación por recuperar el antiguo territorio del dorado virreinato. Esta idea se la inculcaba a su marido desde tiempo antes, tras su amistad, desde la soltería, con el monarquista mexicano radicado en París y miembro de los Notables que fueron a Miramar, José Manuel Hidalgo y Esnaurrízar. El ajedrez global tenía insospechados y muy antiguos jugadores.

A los archiduques les tocaba el turno de regresar a Viena para solucionar el llamado «Pacto de Familia» que Francisco José le exigía firmar a su hermano antes de partir. Con este documento, en caso de aceptar el trono de México, Maximiliano tendría que renunciar a todos sus derechos en Austria-Hungría. Francisco José consideraba que el reino no podía ser gobernado por un monarca ausente, y mucho menos destronado, si las cosas no resultaban. No le faltaban visión ni razón al monarca austriaco.

Sin embargo, cuando aceptó la corona del Imperio mexicano, a Maximiliano nunca le cruzó por la cabeza que debía renunciar a los derechos que le pertenecían por nacimiento. El historiador Carlos Tello Díaz señala que, sin poder convencer a su hermano de no retirarle su cargo en el Imperio austrohúngaro, Maximiliano, en un gesto desafiante, le escribió para advertirle que rechazaría el trono de México y se vería reducido «a la triste necesidad de decirle al pueblo mexicano las causas de mi rechazo». Francisco José solicitó la mediación de Napoleón III, que montó en cólera demandando a Max cumplir con su acuerdo: «Qué pensaría usted de mí si Vuestra Alteza Imperial estuviese ya en México y yo le dijese de repente que ya no podía cumplir las condiciones a las que me había comprometido». Profético e irónico se perfilaba el futuro de Carlota y Maximiliano.

De regreso en su palacete en Trieste y ante tantas presiones, no había marcha atrás para Maximiliano y sus temores. En abril de 1864, Francisco José llegó a Miramar para firmar junto a su hermano el «Pacto de Familia». Después de horas de encierro en la biblioteca, Francisco José partió exhausto. Maximiliano dejaba de ser el heredero al trono de Austria-Hungría. La discusión debió de ser en extremo tensa. Si bien el emperador no comulgaba con las ideas del archiduque y procuraba tenerlo lejos de Viena, a pesar de dudar de la viabilidad del trono en México, con seguridad no deseaba el terrible desenlace que habría de vivir su hermano menor. Sin saberlo, era la última vez que se verían.

Para Carlota, en esos momentos el panorama era mucho más prometedor. Aunque por supuesto le cimbrara la renuncia de Max a sus derechos en la casa de los Austria, finalmente llegaba la oportunidad del trono que ella podía gobernar. Debió de creer que los mexicanos los habían elegido para llevar sus destinos, y confiaba en lo mucho que podía hacer por su nuevo país. La Corona de México adquirió el carácter de responsabilidad divina, a pesar de las dudas de su familia. Su padre, el rey Leopoldo I, vio el lado positivo para su hija ante la oportunidad que se presentaba, en el trono de México: aunque con mucho resquemor por la empresa mexicana en medio de una guerra intestina, era la oportunidad de que Carlota reinara.

De octubre de 1863 a mayo de 1864, Carlota y Maximiliano se abocaron a los preparativos de su importante misión y diseñaron los detalles de la expedición. Como una de las primeras acciones, encargaron sus imágenes al fotógrafo húngaro Giuseppe Malovic, quien plasmó a

Carlota en traje de gala y joyas, y a Max con su uniforme de marino. Ver sus fotografías en la prensa mexicana haría que el pueblo, que nunca los había visto, se familiarizara con los augustos príncipes imperiales.

Durante esos meses, muchas voces llegaron hasta Trieste tratando de disuadirlos de la locura de reinar en México, como la del ministro plenipotenciario del presidente Juárez, Jesús Terán, quien los exhortaba a ver la legitimidad del gobierno de la República, la impostura de las actas de adhesión al Imperio y la evidente fragilidad de su trono sostenido por los cañones y el «juego» invasor de Francia. No las escucharon. México no era el pequeño reino de Lombardía-Venecia ni tampoco el minúsculo territorio sobre el mar Adriático.

El 14 de abril de 1864 la pareja se despidió de Miramar y de Trieste entre vítores, sombreros y pañuelos agitados al viento, colmados de buenos augurios. En el asta del castillo, la bandera de México ondeaba promisoria. De nuevo abordo de la *Novara,* siendo ya la emperatriz de México, Carlota se dirigía con grandes expectativas al destino que siempre soñó, incluso más de lo que habría anticipado. México era un gran Imperio, tres veces más grande que el Imperio austrohúngaro. Inmenso sí, como lo serían también sus problemas.

De «mirar un mar», a «mirar un valle»: de Trieste a Chapultepec

Antes de llegar a México, los flamantes monarcas pasaron unos días en Roma para escuchar misa en la Capilla Sixtina y despedirse del papa Pío IX, quien tocó el ríspido tema de la devolución de los bienes a la Iglesia mexicana y que eludieron por la tangente al no estar de acuerdo. Ya en México, esta decisión se convertirá en un enorme obstáculo para sus planes.

El 28 de mayo de 1864, día de su llegada a las costas de Veracruz, Carlota pudo ver desde la *Novara* —para su sorpresa y decepción— el

que sería el más gélido de los recibimientos. Desangelado, el magno recibimiento que la pareja esperaba no sucedió, como si se tratara de una premonición de los funestos acontecimientos que ocurrirían. Se llenaron, por ende, de tristeza, además de que el puerto les pareció sucio, atrasado e infestado de zopilotes. Conforme se fueron adentrando en el territorio hacia la Ciudad de México, las cosas cambiaron. En Orizaba y Puebla, el ánimo de la gente se fue avivando. Incluso Carlota festejó su cumpleaños número veinticuatro con un gran banquete en su honor el 7 de junio. Estando en Cholula, la acogida fue apoteósica: cientos de arcos con flores, frutas y verduras realizados por los indígenas decoraban las calles y caminos a su paso.

Justo antes de entrar a la capital el 12 de junio, los emperadores visitaron la Villa de Guadalupe y a la Virgen en su santuario. Llegaron a la Ciudad de México también con un recibimiento cálido y jubiloso. Aunque pasaron extraña e incómodamente la primera noche en el Palacio Imperial —«Nacional» hasta antes de su llegada—, pues ninguno de los dos pudo dormir ni en la cama ni en el dormitorio, que estaban infestados de chinches. Carlota trató de conciliar el sueño en un sillón y Maximiliano durmió sobre una mesa de billar.

Palacio Nacional había sido por trescientos años el Palacio Real, lugar donde vivieron y gobernaron todos los virreyes novohispanos y, tras la Independencia, el emperador Iturbide y casi todos los presidentes de la República. El macizo edificio de tezontle, ubicado en el Zócalo, había lucido sin duda tiempos más regios y funcionales; sin embargo, como el resto de la nación, en esos momentos se encontraba muy deteriorado. México no era como lo habían imaginado.

Establecieron su residencia imperial a las afueras de la ciudad, en el Bosque de Chapultepec y nuevamente en lo alto de otro montículo, como el Castillo de Miramar en Trieste. Solo que, en esta ocasión, la vista no sería al mar, sino a un valle; al bellísimo paisaje de la Ciudad de México, a los imponentes volcanes Popocatépetl e Iztaccíhuatl y al

Lago de Texcoco en el espléndido Valle de México. Por ello lo llamaron Castillo de Miravalle. Acondicionaron el antiguo palacete que había sido la casa de campo del virrey de Gálvez en el siglo xviii, y donde diecisiete años atrás los jóvenes cadetes del Colegio Militar ahí establecido intentaron repeler con heroísmo al enemigo estadounidense en la guerra contra México el 13 de septiembre de 1847. Como parte de las mejoras que realizaron a la antigua y magnífica construcción, Carlota y Maximiliano mandaron construir la exquisita torre conocida como el Alcázar y sus bellos jardines. A sus pies, hicieron el Paseo de los Emperadores, una regia y afrancesada avenida con camellón, flanqueada por árboles, fuentes y amplias bancas de piedra, que permitía circular a carruajes y caballos cómodamente para llegar desde Chapultepec a los alrededores de la Alameda en los límites del centro de la ciudad, donde se encontraba el Palacio Imperial. Hoy esa calzada es el emblemático Paseo de la Reforma (tras el triunfo de la República) de Ciudad de México.

A partir de ese momento, la corte del Segundo Imperio tendría su sede en el Castillo de Miravalle y el Palacio Imperial, al que, por la importancia de guardar las formas de la nueva corte, se le adecuaron habitaciones y salones cubiertos de finos tapices y alfombras, exquisito mobiliario, espejos, candiles, pinturas y esculturas custodiados por el escudo que representaba al Imperio mexicano: el águila coronada y un penacho de siete plumas. Sería un imperio fugaz que duraría menos de dos años, tan fugaz como la vida que le quedaba a Carlota, antes de sucumbir en las tinieblas de su frágil salud mental.

Paradójicamente, por sus ideales, los emperadores no siguieron ninguno de los tres proyectos políticos de aquella encrucijada: ni el modelo de Napoleón III que buscaba unir dos naciones con una herencia común al hablar lenguas romances; ni el de los conservadores más reaccionarios; ni tampoco el de los liberales juaristas. El modelo que implementaron Carlota y Maximiliano resultó ser el más liberal de los tres en muchos aspectos. Los emperadores mexicanos no fueron reaccionarios, pues no derogaron las Leyes de Reforma ni devolvieron los bienes de la Iglesia. Maximiliano, fiel a sus convicciones, implementó medidas liberales como las propuestas por las Leyes de Reforma. En diciembre de 1864 llegó a México el nuncio Pedro Francisco Méglia, enviado por el papa Pío IX para obligarlos a regresar a los tiempos previos a la Reforma, y a devolver en su totalidad las propiedades a la Iglesia, restituir las órdenes clericales, dar libertad a los obispos para devengar de nuevo su poder ante la sociedad y restituir sus privilegios como corporación.

Pero no solo Maximiliano no aceptó los deseos del Vaticano, sino que además propuso la tolerancia y libertad de culto en su Imperio. Los conservadores y los miembros de la Iglesia se decepcionaron terriblemente por la ratificación de la reforma juarista. La ruptura con los emperadores fue irreconciliable, lo que les ocasionó la pérdida de una pieza clave para continuar gobernando. Pero la preparación y los vientos modernos les daban otro criterio para afrontar el rumbo de su proyecto de nación. Incluso Carlota le escribió a Eugenia de Montijo, argumentado que la Iglesia en México no se ocupaba de sus feligreses tanto como del dinero obtenido de sus diezmos. Carlota tampoco se convirtió en pieza del juego del poder eclesiástico para recuperar sus privilegios.

Don Carlos Felipe de Habsburgo-Lorena Arenberg, integrante de la descendencia que radicó años más tarde en México por la línea de Félix de Habsburgo Lorena y Borbón Parma, sobrino nieto político de Carlota, señala que las políticas monárquicas fueron coincidentes con la República federal y las ideas de Benito Juárez, quien, errante, seguía luchando para recuperar el poder. Ahí es donde radica el mayor acierto de los monarcas, quienes, empapados del pensamiento ilustrado, aunque fieles a una forma de gobierno que cada vez se agotaba más, intentaron hacer de México un reino que floreciera tanto como los mayores imperios de la época.

El Imperio mexicano fracasó, pero su memoria no quedó en el olvido, vuelve con regularidad para mostrarnos cómo se construyó parte de nuestra historia. Al revisar los nombres de quienes colaboraron con el Imperio, salta a la vista que no solo fueron extranjeros o políticos improvisados, sino también personajes de la escena pública nacional desde la década de 1840, quienes se adhirieron al proyecto de Carlota y Maximiliano creyendo que la monarquía era el camino adecuado para la nación que amaban.

Durante sus breves años en México, dejaron una impronta profunda a través de una forma de gobernar propia que reafirmaba la historia y la cultura mexicanas. Aspiraban a ser vistos como mexicanos. Si bien los movía la ambición por el trono, para legitimar su posición también estuvieron llenos de anhelos por mejorar al país al que llegaron y forjar su identidad histórica. Ejemplo de ello fue la visita a la Casa del Diezmo en Dolores, en donde vivió el cura Miguel Hidalgo. En esa ocasión, Maximiliano celebró el grito de Independencia el 15 de septiembre de 1864, y encargó los retratos del panteón de los héroes de dicha gesta. Con el cuadro de Agustín de Iturbide, estableció la galería en el Palacio Imperial para vincularse al primer emperador mexicano y fue el primer mandatario en nuestro país en usar la bandera cruzada en el pecho como parte de su vestimenta.

Apasionados por el coleccionismo arqueológico y la riqueza del pasado prehispánico, los emperadores fundaron el Museo Público de Historia Natural de Arqueología e Historia en 1866, que más tarde se convertiría en el Museo Nacional de Historia. Carlota financió con sus propios recursos económicos la renovación de la emblemática Alameda y le devolvió su belleza. Amante de las artes, Maximiliano invitó al dramaturgo español José Zorrilla, autor de *Don Juan Tenorio*, a dirigir el Teatro Mexicano, y aunque el proyecto no se consumó, se inició la arraigada tradición anual de escenificarla.

No obstante, todo lo anterior no paliaba la ocurrencia de la aventura mexicana apuntalada a bayonetazos de Napoleón III, y distaba mucho de pacificar y solucionar las cosas. Por el contrario, abonó a la muerte y desolación de los mexicanos que defendían la legalidad y soberanía de la República que ya era nuestro país, recordando durante cada momento del Segundo Imperio la forzada injerencia del Habsburgo que apoyaban las armas invasoras del ejército francés. Maximiliano no puede ser inocente por ello. No fue inocuo. Permitió el derramamiento de sangre inocente por dicha invasión. En octubre de 1865, con el pretexto de que el presidente Juárez había abandonado el territorio nacional —llevaba la República a cuestas en Paso del Norte—, Maximiliano condenó a muerte *in situ* a todo aquel que ayudara a las guerrillas republicanas, prestara servicios en ellas, fuera capturado en combate con las armas en la mano, se sospechara de apoyarlas o de no denunciarlas si las veían pasar. Convirtió a los republicanos en forajidos y bandoleros asesinándolos sin miramientos. La sangre mexicana derramada por esa ley la pagaría Maximiliano con la suya, salpicando a Carlota.

La emperatriz Carlota sí ejerció el poder. Un verdadero interinato en México

Si Carlota presintió la futura tragedia que ellos mismos contribuyeron a sembrar, la ahogó en su pecho, entregándose en cuerpo y alma al titánico trabajo que tenían por delante en la construcción del imperio. Una vez instalada en sus funciones como emperatriz de México, Carlota encabezó un eficiente interinato durante los frecuentes periodos que Maximiliano se ausentaba de la incipiente corte mexicana por muy diversos motivos.

Disciplinada, como la primera mujer en México y el resto del continente al frente de un despacho de gobierno de forma interina, buscó

con ahínco solucionar los asuntos más apremiantes. La emperatriz, a través de su investidura, echó mano de su esmerada educación, férrea voluntad e incluso de su propia fortuna. Carlota comprobó en México que había nacido para servir y gobernar, tal como su padre lo vaticinó desde que era muy pequeña. Se encargó de reinar con un temple que no era común en las mujeres de su época, pues estaba decidida a cambiar las cosas.

Decretó que, en el imperio, la jornada laboral fuera de diez horas aboliendo los castigos corporales y el trabajo infantil. La educación primaria, aunque ya era gratuita, ahora debía ser obligatoria. Desapareció las deudas por herencia y la sujeción de campesinos y obreros en las haciendas, ganándose el repudio de los hacendados. «Carlota, la Roja» la apodaron los conservadores con resentimiento por sus ideas progresistas y liberales. Era una buena católica, pero feroz anticlerical ante los excesos de la Iglesia. Sensible a los problemas sociales, Carlota buscó la equidad ante la justicia de las comunidades indígenas a quienes consideraba dignos de ser los verdaderos dueños de tierras; se abrió una oficina para atender sus asuntos y trabajó con el emperador en la primera ley de los derechos de las tierras de indios. Tampoco dudó en utilizar su fortuna personal en distintas causas y obras de beneficencia.

Carlota de México, durante los treinta y siete meses en el trono mexicano, demostró gran carácter y autoridad; incluso en aquellas ocasiones en que el mismísimo emperador parecía no tenerlos. Por ejemplo, cuando Maximiliano se sumergió en la tarea de escribir un manual sobre el protocolo que debía seguirse en los asuntos cortesanos, lo cual era trivial en medio de los grandes problemas que aquejaban a la nación; o durante el viaje que Carlota realizó a Yucatán en representación del emperador en noviembre de 1865, en donde ella hizo gala de sus habilidades diplomáticas al establecer alianzas con la terrateniente oligarquía de la península.

La emperatriz no siempre contó con la aprobación por sus gestiones. Maximiliano, carismático, agradaba por su físico y personalidad; Carlota, que también tomaba las riendas del proyecto codo a codo con él, no tanto. Muchos hombres y mujeres a favor de la monarquía no vieron con buenos ojos que una mujer participara en la vida política imperial. Ni su arrojo, cultura, puntualidad, inteligencia o rigor les parecían los atributos de una emperatriz, siendo esa fuerte personalidad motivo de escándalo en la sociedad mexicana. Sorda al cotilleo de damas ofendidas y funcionarios timoratos, Carlota no renunció a su ejecutiva vocación de encargarse de la regencia.

A puerta cerrada, las cosas no marchaban del todo bien en el matrimonio. La relación de pareja no mejoró en Miravalle. Como en los tiempos en Miramar, en México no compartieron tampoco la misma habitación. No se puede saber si existía intimidad entre ellos y mucho se ha escrito sobre la frialdad y el desamor que los separaba, siendo esto una fuente de profunda desdicha para Carlota. Sin embargo, en el 2000, el investigador Konrad Ratz tradujo al español la muy extensa correspondencia entre los esposos reales, y reveló que, por lo menos en la forma de escribir, se profesaron un profundo amor, incluso devoción. No obstante, los hechos de sus vidas separadas desmienten las románticas misivas. La verdad sobre la pasión de su amor la llevaron en la profundidad de sus corazones.

Los rumores de sus mutuas infidelidades corrían como pólvora entre los pasillos del Palacio Imperial y el Castillo de Miravalle. En especial por las prolongadas ausencias de Max, quien gustaba mucho del paisaje y el clima de Cuernavaca, aseguraban que tenía una relación y un hijo con Concepción Sedano, la celebérrima India Bonita, hija del jardinero de la Quinta Borda y la villa El Olvido, las cuales los emperadores acondicionaron como sus residencias de verano. Por su parte, a Carlota le atribuían un romance con el general belga Alfred Van der Smissen, jefe de las tropas de la ocupación francesa y el Segundo

Imperio, al grado de asegurar que el destacado militar francés Maxime Weygand era hijo de Carlota y el general. Este nació en Bélgica cuando la emperatriz regresó a Europa en busca de apoyo para el moribundo Imperio mexicano a finales de 1866.

Más allá de mitos y leyendas, lo cierto es que Carlota nunca fue madre. Esta situación fue delicada para la línea de sucesión del trono de México, pero Maximiliano y Carlota encontraron la respuesta para garantizar su descendencia en la estirpe de Agustín de Iturbide, primer emperador que tuvo México y que logró materializar la Independencia en 1821. En un gesto por unir su imperio con la historia de nuestro país y legitimarse ante los mexicanos, adoptaron al nieto y al sobrinonieto del histórico personaje de «noble» origen: Agustín de Iturbide y Green, de tres años, y Salvador de Iturbide y Marzán, un joven de diecisiete. Tras la adopción y una compensación económica para sus familias, Agustín, hijo de la estadounidense Alice Green, llegó a vivir al Palacio de Miravalle bajo los cuidados de Carlota, recibiendo una educación y tratamiento dignos de la realeza como el heredero príncipe de Iturbide. Salvador, también príncipe, aunque con una menor participación en la corte, continuó sus estudios en Europa.

Las burlas y las mofas no se hicieron esperar en la corte y en las calles mexicanas. Al pedirle al pequeño Agustín que la llamara «Mamá Carlota», el cotilleo sobre su esterilidad dio lugar al popular y cruel apodo con que se recordará por mucho tiempo a la emperatriz, inmortalizado en las coplas de la canción «Adiós, Mamá Carlota», escrita por Vicente Riva Palacio para satirizarla a ella, así como a la nobleza y al clero ante la inminente derrota frente a los republicanos en 1866. Al abandonar la emperatriz suelo mexicano cuando se resquebrajaba el Segundo Imperio, el pequeño Agustín regresó a Estados Unidos a los brazos de su madre, quien nunca estuvo de acuerdo con separarlo de su lado. Así iniciaba voraz la espiral de pérdidas que tendría Carlota de Bélgica, Carlota de Habsburgo, Carlota de México, para convertirse en Carlota de Nadie y de Nada.

Abdicar es condenarse. El fin de su imperio

Para febrero de 1866, las ilusiones imperiales de Maximiliano y Carlota se desmoronaban estrepitosamente y, al perderlas, debieron de hacer memoria con despecho y cólera ante su destino. Él pertenecía a la dinastía de los Austrias para la que Napoleón fue tan funesto. Ella era, por parte de su madre, princesa de Borbón agraviada también por los revolucionarios franceses. ¿Cómo podían entonces rogarle a otro Bonaparte? Lo aborrecían como al enemigo en que se convertía el emperador francés. Tenían razón en estar decepcionados y enojados: Napoleón III daba el golpe final de su juego de ajedrez, pues decidió que no podía hacer ya nada por ellos. Retiraba las tropas francesas del Episodio Mexicano tras cinco años desde que invadieron suelo soberano, dejando a los emperadores a su suerte. El tablero geopolítico viraba el rumbo.

Cuando terminó la Guerra de Secesión o guerra civil estadounidense tan solo un año después de que llegaron Carlota y Maximiliano a México, el triunfo de los unionistas en Estados Unidos exigía a Francia que se retirara de México. Precipitando los acontecimientos todavía más, al conocerse la noticia en 1866 de la derrota de Austria-Hungría ante Prusia, cambiaron por completo las cosas para Francia: la siguiente guerra sería contra ellos. Napoleón III no podía sostener un día más a Maximiliano en México con sus tropas ante la nueva amenaza en Europa. A espaldas de Maximiliano, Aquiles Bazaine recibió la orden de Napoleón III de retirar progresivamente a los trescientos mil soldados que lo sostenían. La invasión y el Imperio de Maximiliano en México no les servían más a Napoleón III ni a Francia.

Además, antes del golpe letal de saberse en el vacío y sin apoyo militar, las desgracias no dejaban de sucederle a Carlota. Su padre, Leopoldo I, el hombre que más la había querido en el mundo, murió en enero de 1866, lo mismo que su abuela poco tiempo después, la destronada reina de Francia, María Amelia, quien tenía un enorme cariño por Carlota y se había opuesto rotundamente a la descabellada empresa mexicana de su nieta. Por la gravedad de la situación del Imperio y estas terribles pérdidas y frustraciones personales, tras su regreso del viaje a Yucatán, la salud y estabilidad de Carlota empezaron a tambalearse. Fuertes jaquecas y depresiones frecuentes aquejaban a la emperatriz. Hubo en la corte quienes aseguraron que en ese viaje había tomado una especie de té, parecido al toloache, que le causó terribles efectos, abonando a la especulación sobre las causas del deterioro de su salud mental, como si el estruendo de su fallido proyecto no hubiera sido suficiente para perder la razón. Por las mismas fechas, Maximiliano contrajo la persistente disentería que lo acompañó hasta su muerte. Carlota, apesadumbrada, cubría frecuentemente su rostro con una mantilla y usaba vestidos oscuros, lisos y cerrados, negros como los vientos que la sacaron de México.

Por su parte, el presidente Benito Juárez y los republicanos levantados en armas y en resistencia se vieron favorecidos por el apoyo de los estadounidenses, quienes amenazaron con expulsar a Maximiliano y a los franceses por la fuerza. Perdido ya sin tropas, Maximiliano consideró que lo más sensato ante la desesperada situación era abdicar. Pero las misivas de la archiduquesa Sofía desde Viena le recordaron a su hijo que no se abdica; por frialdad o quizá por escepticismo, su propia madre le indicaba que la muerte era la mejor salida. Carlota le recordó también que abdicar era condenarse, pero pondría en marcha un desesperado plan de salvamento: pediría personalmente al emperador francés que cumpliera su palabra de no retirarles su apoyo militar y financiero en los momentos más aciagos y, de paso, visitaría a

Pío IX para que intercediera por su causa y estableciera un concordato. Sin embargo, nada de esto sucedería.

Antes de que Carlota viajara a Europa, el 8 de julio de 1866, en su angustiosa búsqueda de la ayuda europea a su Imperio y tras el anuncio formal de Napoleón III a Maximiliano del retiro definitivo de sus hombres, le escribió a su esposo una carta tan tajante como lapidaria:

> Abdicar es condenarse, extenderse a sí mismo un certificado de incapacidad y esto es solo aceptable en ancianos o en imbéciles, no es la manera de obrar de un príncipe de treinta y cuatro años, lleno de vida y de esperanzas en el porvenir. La soberanía es el bien más sagrado que hay entre los hombres, no se abandona el trono como una reunión que tiene cercada un cuerpo de policía. Desde el momento en que se aceptan los destinos de una nación, se hace uno a sus riesgos y peligros y nunca se tiene la libertad de abandonarla. Yo no conozco ninguna situación en la cual la abdicación no fuera otra cosa que una falta o una cobardía [...].
>
> En tanto que haya aquí un emperador, habrá un imperio, incluso aunque solo le pertenezcan seis pies de tierra. El imperio no es otra cosa que un emperador. Que no tenga dinero no es una objeción suficiente, se obtiene a crédito, este se obtiene con el éxito y el éxito se conquista [...].
>
> La guerra civil ya no existe, ya que no tiene siquiera un pretexto, pues el mandato de Juárez ha terminado [...]. No se cede el puesto a un adversario de tal naturaleza [se equivocaba, Juárez no se iba de la presidencia justo por la guerra] [...].
>
> Todo esto no es digno de un príncipe de la casa de Habsburgo, ni de Francia y de su ejército que serían llamados a contemplar este espectáculo [...].
>
> Partir como civilizadores, salvadores y regeneradores y volver con la pretensión de que no hay nada que civilizar, nada que salvar y nada que regenerar y todo esto en íntimo acuerdo con Francia que siempre fue considerada como una nación de espíritu, reconocerá usted que, tanto

> para unos como para otros, sería el mayor absurdo que haya bajo el sol. Espero poder hablar este lenguaje al otro lado del mar.

Desconocía que se trataba de una sentencia de muerte, una despedida definitiva, pues Carlota y Maximiliano no volverían a verse jamás. Sin embargo, a pesar del gran peligro que suponía su permanencia en México casi sin fuerzas militares, expresaba la verdad de sus entrañas: era imposible regresar a Miramar como monarcas derrotados y exiliados de lo que había sido su Imperio. La naturaleza de Carlota no era esa. Haría lo imposible por salvar el soñado proyecto, por el que al final habría de perderlo todo.

La paranoia. Meter los dedos en el chocolate del papa

Carlota de México salió del castillo de Miravalle en Chapultepec acompañada de Maximiliano. Algunos días de felicidad y reconciliación vivió la esperanzada pareja en el poblado de Ayotla, antes de que ella partiera al puerto de Veracruz y no volviera a pisar suelo mexicano. Al cruzar el océano, no sospechaba el trágico final para los dos. Tenía esperanzas de lograr el éxito en Europa, como lo tenía preparado en el guion que significaba la misiva que le había escrito a Maximiliano. Pero su mente y la razón comenzaron a traicionarla, a mostrar signos de desesperanza y quizá de locura. Tal vez aquella incipiente esquizofrenia infantil se le disparaba por el inmenso dolor y estrés del malogramiento del Imperio, de su mal logrado matrimonio, de su malograda maternidad indispensable en su monárquica estructura. Lo estaba perdiendo todo entre los dedos. Faltaba lo peor: la ejecución de Maximiliano. Faltaba que se perdiera a sí misma a los veintisiete años, en la penumbra de la sinrazón y la demencia.

Al alejarse la *Novara* de costas mexicanas, bien pudieron escucharse entre la bruma de las olas y su atribulado ánimo las nostálgicas coplas de su partida:

Alegre el marinero, con voz pausada canta
Y el ancla ya levanta con extraño dolor
La nave va en los mares botando cual pelota
¡Adiós, mamá Carlota! ¡Adiós, mi tierno amor!
Y en tanto los chinacos ya cantan su victoria
Guardando tu memoria sin odio ni rencor
Mientras el viento alegre tu embarcación azota
¡Adiós, mamá Carlota! ¡Adiós, mi tierno amor!

Después de un mes de viaje, llegó la emperatriz a París el 9 de agosto de 1866. Tras su insistencia —pues no quería verla—, finalmente Napoleón III la recibió para asestarle en persona el dardo de su inamovible negativa de ayudarlos. En uno de los primeros telegramas enviados de Europa a México, el 22 de agosto Carlota comunicaba a su esposo los resultados de su fallida empresa: «Nada he conseguido». Trastornada por el inminente final, se sumía en la desesperación por su futuro y la incertidumbre en que quedaba Max. Rota y desolada, en ella asomaba estridentemente la paranoia. Carlota se sentía perseguida. Aseguraba que el emperador francés la quiso envenenar con la naranjada que tomó en la funesta entrevista. A partir de ese momento, Carlota perdió la cordura.

En su visita al Vaticano ese mismo año, los signos de su enfermedad avanzaban rampantes. Por miedo a ser envenenada, en Roma bebió agua de la fuente de Trevi y comía únicamente los huevos de su gallina personal a la que no perdía de vista. Entre gritos de angustia, exigió ver a Pío IX, quien se compadeció y le dio audiencia mientras estaba desayunando. Carlota metió los dedos al chocolate del pontífice porque estaba muerta de hambre, segura de que la bebida del papa

no podía estar envenenada. Por su crítico estado, no aceptaba salir de los departamentos papales ante el fracaso de recibir cualquier apoyo para el moribundo imperio, y ahí pasó la noche, siendo la única visitante en la Historia en hacerlo.

La inteligente mente de Carlota, la emperatriz de México, igual que su efímero trono, se resquebrajó para siempre. La antigua brillantez de su pensamiento, su carácter fuerte y determinado se derrumbaron entre los delirios solitarios por los siguientes sesenta años. Décadas pasará escribiendo cartas desde el desvarío de sus penas. Tras las locuras en el Vaticano y en Francia, se enteró de la muerte de Maximiliano entre las tinieblas de su intermitente conciencia.

Mientras tanto en México, a principios de 1867, Bazaine se retiró a Veracruz y pidió a Maximiliano que hiciera lo mismo. Pero ya estaba todo perdido. El emperador ya había aceptado su destino de morir en México. Para entonces tenía noticia de la desdichada condición de Carlota. Tras atrincherarse en Querétaro, vivió el final de su imprudente imperio. Sitiado por los liberales, entre cadáveres y muerte, enfermo de diarrea y postrado en una cama, su médico fiel, el doctor Basch, sin saber cómo curarlo, le daba dos píldoras de opio al día. Después de setenta días, el 15 de mayo de 1867 cayó la plaza entregando su espada. Un consejo de guerra en el Teatro Iturbide de la ciudad inició su juicio. Maximiliano, sin embargo, no se presentó, bajo la excusa de encontrase muy enfermo de diarrea y fiebres muy altas. Fue encontrado culpable por el derramamiento de sangre de los liberales asesinados *in situ* durante la invasión y fue condenado a muerte por fusilamiento. Mariano Riva Palacio, padre del escritor del poema de Carlota, buscaría el indulto sin suerte. «No mato a una persona, sino a una idea», sentenciaba Juárez para escarmiento de cualquier extranjero que pudiera pensar en volver a invadir México.

El 19 de junio de 1867, en el Cerro de las Campanas, Querétaro, terminó el Segundo Imperio Mexicano. Maximiliano I fue fusilado

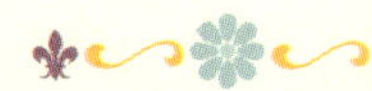

junto a los generales Miguel Miramón y Tomás Mejía. Horas antes de morir, Miramón le confesó a Maximiliano: «Estoy aquí por no hacer caso a mi esposa (Concepción Lombardo)». A lo que respondió el archiduque: «Y yo estoy aquí por haberle hecho caso a la mía». Tras ser embalsamado, el 28 de noviembre el vicealmirante Tegetthoff regresó el cuerpo de Maximiliano de Habsburgo a Miramar, en la fiel *Novara* de donde había zarpado con vida casi tres años atrás.

Aunque intentaron cambiar la situación con sus ideas liberales y sin el apoyo de los conservadores, no se puede pasar por alto las vidas de cientos de mexicanos —y europeos— que costó este periplo financiado por el dinero francés y sellado con la sangre de Maximiliano y la pérdida de la cordura de Carlota. México era ya una nación y resultó imposible y absurdo tratar de instaurar una monarquía extranjera. Muchas voces en Europa y en América trataron de disuadirlos, sin ser escuchados por los necios y sordos oídos de los jóvenes e insensatos archiduques, a lo que tuvieron que responder con sus propias tragedias.

En su vejez, Carlota vivió en el Castillo de Bouchout, en donde murió a las siete de la mañana del 19 de enero de 1927. Seis décadas después del fusilamiento de Maximiliano, cuando Carlota dejaba de ser la emperatriz de México y le arrebataban también el linaje de los Habsburgo. Un suspiro final por Maximiliano y por México salió de su alma al morir, después de pasar sesenta años en la oscuridad y el silencio.

Carlota murió habiendo transcurrido toda una época de la humanidad. Mientras ella permaneció demente, primero en el Castillo de Miramar, luego en el Castillo de Leveuren y por último en el Castillo de Bouchout, nacieron y murieron personajes como Pancho Villa, Emiliano Zapata o Rosa de Luxemburgo; Marx escribió *El Capital*; Freud, *La interpretación de los sueños*; Einstein enunció su teoría de la relatividad; se inventó el automóvil, la bicicleta, la lavadora, la aspiradora y hasta el avión. Carlota murió en 1927, año en que Al Johnson hizo la primera película hablada y en que Charles Lindberg cruzó el Atlántico en el

Espíritu de San Luis. Para estos tiempos, si acaso Carlota no hubiera enfermado, hubiera podido regresar a México en avión.

Maximiliano reposa en la cripta imperial de los Habsburgo en la iglesia de los Capuchinos en Viena. Es la cripta más visitada, junto con la de Isabel de Baviera, o Sissi, la emperatriz de Austria-Hungría. Los restos de Carlota descansan en el castillo de Laeken en Bélgica.

A pesar del origen de su cargo o poder y de lo mal vista que fue por propios y extraños, Carlota de México no se hizo a un lado a la hora de gobernar. Los miembros de la corte mexicana le tenían resquemor, no querían trabajar con ella tan temprano ni tan intensamente; las mujeres le propiciaban recelo, y su propia familia la rechazaba. Su hermano, el despiadado rey Leopoldo II, la expulsó de su lado, rodeándola en su enfermedad de ajenas damas de compañía, quizá por el interés de adjudicarse sus bienes o por el hecho de haber ejercido activamente el poder durante sus años en México.

Quizá solo podamos entender la imprudente empresa de saltar al vacío para encabezar el Segundo Imperio Mexicano al lado de Maximiliano por la ambición de gobernar que sembró su padre en su corazón de niña. Lo que sí hay que destacar es que, aunque por un breve periodo de tiempo, fue la primera mujer del continente en gobernar. Por eso, añadiendo cualquiera de los otros títulos que encarnó, Carlota Amelia fue de México. Y serán de México los fantasmas que por sesenta años habitaron sus entrañas y lamentos, sus sueños y anhelos perdidos.

La idea de reinar a una nación libre y soberana mediante una invasión militar resultaba tanto mala como absurda. Esta nación en medio de guerras seguía su lucha por iniciar el tan anhelado vuelo como una república independiente. El gobierno legítimo mexicano, encabezado por Benito Juárez y su generación de liberales, no transigió ni un momento para lograrlo, al costo que fuere.

Al final, el disparate que fue su llegada a México terminó con su anhelo de reinar, prácticamente antes de empezar. La historiografía no debería someter a la penumbra esa hazaña, aunque el resto de su existencia haya sucumbido irremediablemente en esta, tras perder la razón en la plenitud de su vida.

Epílogo
Noticias del Imperio, de Fernando del Paso

Hay libros que se empiezan a escribir, incluso antes de que nazcan sus autores.

JUAN CARLOS QUEZADAS

Casi siglo y medio después del terrible desenlace de su vida, el escritor mexicano Fernando del Paso detalló magistralmente aquellos acontecimientos novelescos que Carlota encarnó en la vida real, en su novela *Noticias del Imperio* (1989). Tras leer esta obra exquisita, monumental, a Carlota la encontramos más nuestra que nunca, como de la familia. A pesar de los pesares, de lo insensato, doloroso, trágico y absurdo de su impuesta corte, desde su llegada en la primavera de 1864, siempre la sentimos mexicana y así seguirá siendo.

> Yo soy María Carlota de Bélgica, emperatriz de México y de América. Yo soy María Carlota Amelia, prima de la Reina (Victoria) de Inglaterra, Gran Maestre de la Cruz de San Carlos y Virreina de las provincias del Lombardovéneto acogidas por la piedad y la clemencia austriacas bajo las alas del águila bicéfala de la Casa de Habsburgo. Yo soy María Carlota Amelia Victoria, hija de Leopoldo, Príncipe de Sajonia-Coburgo y Rey de Bélgica, a quien llamaban el Néstor de los gobernantes y que me sentaba en sus piernas, acariciaba mis cabellos castaños y me decía que yo era la pequeña sílfide del Palacio de Laeken. Yo soy María Carlota Amelia

Victoria Clementina, hija de María Luisa de Orleans, la Reina Santa de los ojos azules y la nariz bombona que murió de consunción y de tristeza por el exilio de Luis Felipe, mi abuelo, que cuando todavía era Rey de Francia me llenaba el regazo de castañas y la cara de besos en los Jardines de las Tullerías. Yo soy María Carlota Amelia Victoria Clementina Leopoldina, sobrina del Príncipe Joinville y prima del Conde de París, hermana del Duque de Brabante que fue Rey de Bélgica y conquistador del Congo y hermana del Conde de Flandes, en cuyos brazos aprendí a bailar, cuando tenía diez años, a la sombra de los espinos en flor. Yo soy Carlota Amelia, mujer de Fernando Maximiliano José, Archiduque de Austria, Príncipe de Hungría y de Bohemia, Conde de Habsburgo, Príncipe de Lorena, Emperador de México y Rey del Mundo, que nació en el Palacio Imperial de Schönbrunn y fue el primer descendiente de los Reyes Católicos Fernando e Isabel que cruzó el mar océano y pisó las tierras de América, y que mandó construir para mí a la orilla del Mar Adriático un palacio blanco que miraba al mar [Miramar], y otro día me llevó a México a vivir a un castillo gris que miraba al valle y a los volcanes cubiertos de nieve [Chapultepec], y que una mañana de junio de hace muchos años murió fusilado en la ciudad de Querétaro. Yo soy Carlota Amelia, Regente de Anáhuac, Reina de Nicaragua, Baronesa del Mato Grosso, Princesa de Chichén Itzá. Yo soy Carlota Amelia de Bélgica, Emperatriz de México y de América: tengo ochenta y seis años de edad y sesenta de beber, loca de sed, en las fuentes de Roma.

Porfiriato

Juana Catarina Romero

Juana Cata, la mujer fuerte de Tehuantepec

24 de noviembre de 1837, Tehuantepec, Oaxaca - 19 de octubre de 1915, Orizaba, Veracruz

Juana Cata nunca se casó, siempre fue libre,
independiente y empresaria en una
época en la que eso no era bien visto en una mujer.
[...] fue una mujer excepcional: de nacimiento humilde
llegó a ser reconocida como la «cacica» de Tehuantepec.
Surgió de la pobreza para convertirse en
una empresaria riquísima del sureste de México.

FRANCIE CHASSEN-LÓPEZ

Recordando sus hechos, sus bondades,
la gratitud en mi alma siempre viva,
arderá, señora bien amada,
como una pequeña lámpara votiva.
Juana C. Romero solo hubo una a
honra tiene Tehuantepec, el ser su cuna.

CLOTILDE SOLANA DE GALARD

Desde sus años de juventud, la estrecha cercanía entre Juana Catarina Romero y Porfirio Díaz dio lugar a una de la relaciones político-económicas más relevantes del istmo de Tehuantepec, en el estado de Oaxaca. Como suele pasar con frecuencia en nuestra Historia, su relación trascendió de forma tergiversada, novelada, envuelta en la bruma de una leyenda romántica que borró la sorprendente vida de una de las mujeres empresarias más exitosas y respetadas de la región del sur de México.

Indígena zapoteca nacida en la pobreza, durante la Reforma Liberal, el Porfiriato y la Revolución mexicana, se convirtió en una prominente comerciante y benefactora, entretejiendo su vida a los momentos de profundos cambios sociales. Entendió y puso en práctica los preceptos del progreso porfirista, convirtiéndose en una de las empresarias más exitosas de nuestro país por méritos propios. Descifró el entramado político y cultural de su comunidad, logró no solo el éxito financiero, sino también un enorme poder y respeto. Generosa con sus recursos, inició una verdadera cruzada benefactora a lo largo y ancho de su natal terruño. Estaba convencida de que la educación, el trabajo arduo de la tierra y el intenso comercio de sus frutos traerían bonanza y bienestar al istmo. Estuvo en lo correcto: lo logró con el ejemplo de su emprendimiento, con su esfuerzo e intuición, tanto para ella misma como para toda la región.

Juana Cata, como se le conoce popularmente, hablaba zapoteco y español por igual, pero no aprendió a leer ni a escribir sino hasta los treinta años. Su éxito en la vida resulta insospechado por su origen humilde, contra el que luchó incansablemente, sobre todo contra las dobles ataduras del rezago y la marginalidad vividos por ser indígena y mujer. Así lo asevera actualmente la también oaxaqueña, zapoteca y activista Eufrosina Cruz: «Origen no debe ser destino». Ambas libraron esa batalla en carne propia, incluso a ciento cincuenta años de distancia.

La leyenda sobre ser la amante de un muy joven Porfirio Díaz es una miope mirada a su figura. No existe prueba de que así fue. No se conoce una sola carta o misiva amorosa entre ellos. En cambio, la correspondencia por su alianza comercial, aunque escasa, es irrebatible. Tal rumor es irrelevante. Demerita la obra que protagonizó con férrea voluntad y adelantada visión en su intento por liberar del atraso a Tehuantepec, cambiándole el rostro de la marginación por el de la modernidad. El camino para lograrlo no estuvo libre de obstáculos y controvertidas decisiones, incluso personales.

Quizá justamente la realidad de su extraordinaria vida ha tensado los límites de la ficción alrededor de ella. Romper con la melosa leyenda significa conocer a la verdadera mujer de carne y hueso, a la verdadera Juana Catarina Romero, la mujer fuerte de Tehuantepec.

Nacer en tierra de riqueza proverbial y enorme desigualdad

En la zona más angosta de todo el territorio nacional se encuentra el istmo de Tehuantepec, área del sureste mexicano de gran riqueza por su particular topografía e inagotables recursos naturales: frondosos bosques, el río Coatzacoalcos, las llanuras de la costa de Oaxaca, las faldas de la Sierra Madre, las orillas de ríos, lagunas y playas en el Océano Pacífico.

Tras la llegada de los españoles en el siglo XVI, fue la orden de los frailes mendicantes dominicos la que encabezó la labor de evangelización en la región. Mixtecos, zapotecas, mixes, chontales, zoques y huaves habitaban las zonas de los Valles Centrales, el istmo, la Mixteca y la Sierra, en poblaciones como Zaachila, Tehuantepec o Guichicovi. Desde tiempos prehispánicos, el istmo fue paso y lugar de confluencia entre diversos pueblos, culturas y mercancías. La palabra *Tehuantepec,* traducción náhuatl del zapoteco *dáani béedxe,* significa «cerro del tigre». Esto comprueba la llegada del Imperio mexica hasta los confines istmeños en su aguerrida expansión hacia el sur, a fin de controlar la producción de cacao, oro y plumas.

La investigadora Francie Chassen-López señala que la ciudad tehuana tenía una población aproximada de veinticinco mil habitantes hacia los albores de la Conquista y una próspera economía basada en el comercio de sal, pescado, camarón salado, conchas marinas, algodón, textiles, plumas preciosas y pieles. En 1495, la guerra con los mexicas culminó con la alianza matrimonial de la hija del tlatoani Ahuízotl, llamada Coyolicatzin, con el rey zapoteca Cosijoeza. Pero la imposición de un nutrido pago de tributos al Imperio mexica conllevó décadas de odio y resentimiento. A la llegada de los españoles, para liberarse de esa pesada carga, la zona optó por ceder pacíficamente a la tutela de los europeos, a cambio de apoyo en contra de sus antiguos y hostiles enemigos.

Tras la Conquista, Hernán Cortés, ya en su condición de marqués del valle de Oaxaca, título que le concedió la Corona de España por sus servicios, introdujo en el istmo el cultivo de la caña de azúcar, la ganadería, la explotación maderera y el primer astillero de buques en el puerto de Tehuantepec. Como resultado del sincretismo cultural durante los siglos del Virreinato de la Nueva España, explotó el cultivo y el comercio a gran escala de tintes naturales de origen prehispánico

como la grana cochinilla y el añil, conocidos como el «rojo mexicano» y el «oro azul» en el mundo novohispano y el mundo entero.

La grana cochinilla, ese pequeño insecto que ataca como plaga al endémico nopal *Opuntia*, concentra gran cantidad de ácido carmínico, pigmento de color rojo carmín que da tonalidades desde el rosa pálido al rojo más intenso. Por su parte, el añil, palabra que proviene del árabe hispánico *anníl* y del remoto sánscrito *níla* («azul» en español) es un pigmento de tono azul profundo que se extrae del jiquilite, arbusto ramoso silvestre de un metro de altura. Ambos colorantes gozaron de enorme popularidad durante siglos, por sus diversos usos en la industria textil y en las artes. Las cortes europeas utilizaron el rojo mexicano como característica de sus lujosos ropajes, túnicas y tapices. Asimismo, los grandes maestros de la pintura de los siglos XVI al XIX incorporaron la grana cochinilla a su paleta de colores, desde Cristóbal de Villalpando hasta Vincent Van Gogh.

Por su inmensa demanda y popularidad, después de la plata y el oro, la grana cochinilla fue el producto que más ganancias generó a Nueva España. En Oaxaca, esa tradición textil realizada ancestralmente permitió a las mujeres oaxaqueñas continuar hilando, tejiendo y bordando con portentosas manos; muestra de ello es el bellísimo y mestizo traje de tehuana, símbolo de la fuerza y majestuosidad de la mujer istmeña.

Durante esos años virreinales, Tehuantepec fue conocida como la Villa de Guadalcázar, nombre que no perduró mucho tiempo. Luego se convirtió en un centro administrativo y comercial de gran importancia, enclavado en el estratégico paso del Camino Real, entre las ciudades de México, Puebla, Oaxaca y Guatemala. Hacia finales del siglo XVIII, además de textiles y tintes, la economía istmeña dependía del pastoreo de ganado mayor y menor, y de sus derivados: reses, cuero y lana.

En esa histórica ciudad nació Juana Catarina Romero, el 27 de noviembre de 1837, en el barrio de Jalisco. Así consta en su fe de bautismo, ubicada en los archivos de la Parroquia del Sagrario de Santo Domingo, en el Obispado de Tehuantepec. Se lee también en el acta que fue presentada tres días después de nacida «como niña ladina [mestiza] de padres desconocidos» por quien fuera su madrina, Edubiges Gallegos de San Sebastián.

Muy pronto se supo quién era su madre: María Clara Josefa Romero Egaña, nacida en el barrio de Santa Cruz, Jalisco, el 13 de agosto de 1811. A pesar de las numerosas investigaciones que se han hecho sobre el origen de Juana Catarina, el hombre con quien la procreó su madre continúa en el anonimato. Los abuelos maternos de Juana Catarina fueron Isabel Egaña Cerqueda y Juan Andrés Romero Rueda, unidos en matrimonio en junio de 1806.

Los detalles de su biografía no los conocemos de viva voz, pues Juana Catarina no escribió palabra alguna sobre su vida. El asunto de su nacimiento representó entonces no solo un misterio, sino un tema escabroso en esa época y en esa sociedad en que vivió: la ilegitimidad, por no saberse quién era su padre y por no haber nacido dentro de un matrimonio católico. De manera incomprensible —y sin duda irrelevante por los vuelos que alcanzaría en la vida—, a casi doscientos años de su nacimiento, el tema sigue siendo un estigma.

La vida familiar de la pequeña Juana Catarina transcurrió en un hogar humilde lleno de carencias. Como muchas otras mujeres del istmo, su madre buscaba el sustento torciendo cigarros de hoja de tabaco para venderlos en el mercado. Juana Cata creció analfabeta. No acudía a la escuela, pues no había cabida para que las mujeres recibieran instrucción alguna. Apenas pudo, con la inteligencia innata que mostró a temprana edad, dedicarse a la venta ambulante de esos puros y cigarrillos a lo largo y ancho de las calles, así como en el mercado de la ciudad. En medio de aquel rezago, la desenvuelta niña zapoteca dominaba su lengua materna y el español, ambos idiomas sin saber leerlos ni escribirlos.

Mientras tanto, la inestabilidad política prevalecía en los ámbitos nacional y local durante las primeras décadas del México independiente. Se libró una lucha intestina y sorda entre hermanos, quienes no parecían estar listos para coincidir y constituir con ello a la nueva nación mexicana. A los pocos años de independencia, se experimentaron y confrontaron a sangre y fuego diferentes proyectos políticos: el Primer Imperio de Agustín de Iturbide (1821), el establecimiento de la Primera República Federal (1824) y la Primera República Centralista (1836). Esos vientos de guerra azotaban recios a la región istmeña de Oaxaca en la infancia de Juana Cata.

A los diez años, en 1847, le tocó vivir en carne propia los enfrentamientos bélicos de la llamada «guerra istmeña», entre la vecina ciudad de Juchitán y Tehuantepec, quienes tenían un largo historial de rivalidades, complicado todavía más por el apoyo del barrio tehuano de San Blas a los juchitecas. La violencia y el atraso que esta enemistad generaba eran el pan de cada día en la vida de Juana Cata. La niña fue creciendo con una conciencia contradictoria, por un lado, del caos y la desigualdad prevalecientes en su ciudad natal y, por el otro, del hecho de que esta seguía siendo un punto nodal para la economía y la política por el eje comercial de tinturas, productos ganaderos y sal. Por si fuera poco, los comerciantes de la ciudad de Oaxaca y los del istmo de Tehuantepec competían vorazmente por el naciente mercado interno.

Para completar el cuadro, los productos naturales del istmo comenzaron a atraer a extranjeros maravillados por semejante riqueza. Chassen-López señala que españoles, franceses, estadounidenses y alemanes convivían con zapotecas, huaves, zoques, chontales, mixes, mestizos, afroamericanos y criollos:

> Empresarios y aventureros de una vanguardia capitalista, así como científicos naturalistas y arqueólogos llegaron al istmo y eligieron la fecundidad de la tierra, los recursos naturales y los habitantes [...] veían todo con «ojos imperiales», en su mira estaba la ambición no solo de

> hacer una conexión interoceánica sino también de explotar los recursos naturales y a la población. Pero con frecuencia no entendían bien o confundían lo que veían, y hasta lo describían con desdén.
>
> Gracias a los relatos de esos viajeros se puede reconstruir una imagen de la vida cotidiana de Tehuantepec durante la adolescencia y juventud de Juana Catarina Romero.

En un corto periodo tuvieron lugar numerosas expediciones extranjeras de renombradas empresas e instituciones gubernamentales y privadas, como la Tehuantepec Louisiana Company o la Royal Geographical Society de Londres. Científicos, periodistas, ingenieros y arqueólogos ávidos por esas aventuras, exotismo, exuberancia y tesoros proverbiales, exploraron la zona del istmo concienzudamente. Como lo hizo el, además de arqueólogo, abate Charles Brasseur de Bourbourg. Estudioso de la antropología y etnología, se le conoce como el primer traductor del *Popol Vuh* y el *Rabinal-Achí,* libros sagrados de los mayas.

Fue justamente el relato de Brasseur sobre cierta mujer zapoteca durante uno de sus recorridos por la llanura de Tehuantepec donde notó que las mujeres de la región llevaban las riendas de la comunidad con gran fuerza y entereza. Lo observado por Brasseur era más que cierto: cientos de ellas proveían el sustento a sus familias. Sin embargo, con esta crónica del clérigo francés nació una de las leyendas más populares sobre Juana Catarina, pero imprecisa por su carga de prejuicios y desconocimiento de nuestra historia:

> Aunque las mujeres en Tehuantepec, exceptuando sin embargo a las criollas, son las menos reservadas que haya visto en América, tienen no obstante la suficiente modestia todavía para no presentarse en lugares públicos como este [el billar del pueblo].
>
> Nunca vi más que a una que se mezclaba con los hombres sin la menor turbación, desafiándolos audazmente al billar y jugando con una destreza y un tacto incomparables. Era una india zapoteca, con la piel

bronceada, joven, esbelta, elegante y tan bella que encantaba los corazones de los blancos, como en otros tiempos la amante de Cortés.

No he encontrado su nombre en mis notas, ya sea que lo he olvidado, o que nunca lo haya oído; pero me acuerdo que algunos, por broma, delante de mí la llamaban la *Didjazá*, es decir, la zapoteca, en esta lengua; recuerdo también que la primera vez que la vi quedé tan impresionado por su aire soberbio y orgulloso, por su riquísimo traje indígena, tan parecido a aquel con el que los pintores representan a Isis, que creí ver a esta diosa egipcia o a Cleopatra en persona.

Recientes investigaciones arrojan que esa mujer a la que incluso se le atribuyen dotes de hechicera y bruja —nuevamente por su sesgada visión cargada de prejuicios y exotismo— no es Juana Catarina, sino otra llamada Bernarda. Lo cierto es que aquella sí se manejaba con soltura y determinación al vender cigarrillos en ese billar. Es ahí donde conocerá al joven Porfirio Díaz, quien habría de transformar profundamente al país, para bien y para mal, durante los treinta años que estuvo en el poder como presidente de la república.

Entre sandungas y tehuanas: Juana Catarina y Porfirio Díaz cruzan sus caminos

Durante la segunda mitad del siglo XIX, la lucha entre liberales y conservadores por la dirección que debía tomar la muy joven república llegó a su punto más álgido. En este contexto, el también oaxaqueño joven militar Porfirio Díaz consolidó su vertiginosa carrera política, hasta lograr la presidencia por más de treinta años, de 1876 a 1910, con el llamado Porfiriato.

José de la Cruz Porfirio Díaz Mori nació el 15 de septiembre de 1830 en la ciudad de Oaxaca. De origen mestizo, fue criado por su madre Petrona Mori, pues su padre, José Faustino Díaz, artesano que luchó en las filas insurgentes de Vicente Guerrero, falleció cuando sus hijos eran pequeños. El niño Porfirio, el sexto de siete hermanos, a diferencia de Juana Cata, sí asistió a la escuela. Ingresó al Seminario Conciliar y cursó Derecho en el Instituto de Ciencias y Artes de Oaxaca, el mismo en el que Benito Juárez estudió Jurisprudencia y fue profesor dos décadas atrás. A la par de su instrucción, Porfirio tuvo varios trabajos, primero manuales, y luego de práctica legislativa y de enseñanza. Siendo estudiante todavía, se unió como voluntario en la Guardia Nacional de Oaxaca, participando en la Guerra contra Estados Unidos (1846-1848).

De regreso a Oaxaca en 1854, siendo profesor en el Instituto de Ciencias y Artes, se adhirió al Plan de Ayutla enfrentándose militarmente contra los simpatizantes de Santa Anna en la Sierra Norte. A partir de entonces, Díaz quedó íntimamente ligado a las armas y a la política de México. Tras la derrota de los santannistas, fue nombrado jefe político de Ixtlán.

Al estallido de la Guerra de Reforma en 1857, Porfirio Díaz se alineó con los liberales en defensa del naciente régimen constitucional, obteniendo por su arrojo y destreza militar el grado de coronel y el nombramiento de comandante y gobernador militar del Departamento de Tehuantepec, zona también levantada en armas; sirviendo en el istmo hasta 1860. Organizó las fuerzas locales de la Guardia Nacional con gran dificultad, pues las tirantes tensiones entre la capital del Estado y Tehuantepec no cesaban. A pesar de la dura prueba para Porfirio, sus habilidades de mediador lo ayudaron a imponer su autoridad. Así comenzaba a proyectar su brillante carrera política.

Durante ese tirante periodo de guerra, en 1858, Juana Cata de veintiún años conoció al joven comandante militar en su pueblo, Porfirio Díaz, de veintiocho. De enorme personalidad, la joven se había convertido en una mujer vivaz, fuerte y elegante, de mirada muy sagaz, sin ser bella en extremo. Entre música de sandungas y bullicio, el

encuentro sucedió en el salón de billar en Tehuantepec, donde Díaz se encontraba con algunos allegados y Juana Cata vendía, como siempre, los puros y cigarrillos que desde niña habían sido la fuente de su sustento. El astuto capitán comprendió de inmediato que en aquellos complejos momentos la joven podría ser una gran aliada para sus objetivos militares y políticos. Así, Juana Catarina comenzó a colaborar con Díaz como su espía.

Por ser la mayoría de la población de Tehuantepec profundamente católica, dedicada a cumplir con las arraigadas fiestas religiosas salpicadas de fervor, inmaculadas tehuanas y procesiones de santos, muchos conservadores se oponían a Díaz y a su núcleo de liberales.

El apoyo que Juana Cata brindaba al capitán era de enorme valor y utilidad: durante dos años le transmitió información proveniente no solo del billar, sino también de plazas, calles, mercados y demás sitios públicos donde acudían los personajes de la vida política del estratégico enclave, y que recolectaba como vendedora de cigarros. El riesgo que corrió como su espía le cambió la vida a Juana Cata para siempre, pues la alianza con el destacado militar que llegó a ser el presidente de la república fue inquebrantable. Porfirio Díaz nunca olvidó el favor: su amistad perduró por el resto de sus vidas.

Mitos, rumores y leyendas surgieron desde entonces sobre su colaboración. Por ejemplo, lo que los enemigos de Díaz diseminaron sobre sus relaciones amorosas: versan que un día, al ser perseguido por una escolta de conservadores, Porfirio se escondió cobardemente bajo las enaguas de Juana Cata para salvar su vida, mientras esta despachaba tras el mostrador de su tienda. Al preguntarle por el fugitivo, ella respondió sin inmutarse que no lo había visto. Entonces, como Díaz no olvidó que lo había salvado, la visitaba regular y amorosamente, inclusive en los últimos años de su presidencia. Si fueron amantes, no lo sabemos, no se puede comprobar.

Diversos novelistas insisten en tergiversar su vida como «el gran amor en la vida de Díaz». La verdad es que no sabemos si hubo una relación amorosa, aunque fantasean con que, cuando llegó Díaz a la presidencia, la fortuna y el poder de Juana Cata crecieron inmensamente por la relación amorosa que los unía, pero esto no es cierto. Las fechas no coinciden ni con el establecimiento de su tienda, ni con la llegada del tren, ni con la construcción del *chalet* de Juana Cata. Esas supuestas visitas frecuentes no son comprobables. Díaz solo fue dos veces a Tehuantepec como supervisor: de la construcción del ferrocarril y de las obras del importante puerto de Salina Cruz, ambas en compañía de Carmelita Romero Rubio, su esposa.

Lo que sí quedó registrado por su propio testimonio es que, durante el Segundo Imperio, sostuvo una relación en 1865 con el prefecto de Maximiliano en Tehuantepec, Remigio Toledo, un personaje sórdido y traicionero. Lo apodaban Gubizi, «serpiente de cascabel» en zapoteco; pues además de infundir miedo y desconfianza y traicionar a los liberales, gobernó durante esos infames años, arbitraria y autoritariamente. La cercanía de Juana Cata con el poderoso personaje levantó un sinfín de habladurías debido también a que no estaban casados.

Pero esos amores fueron solo un aspecto mínimo de su vida, pues lo que realmente sorprende es que el origen de su riqueza no fue otro más que su propio trabajo y esfuerzo. Con el capital que los liberales le habían dado por sus servicios en la clandestinidad para apoyar la causa antes de la invasión, inició una actividad comercial de largo alcance. Juana Cata tomó decidida el camino para convertirse en una mujer económicamente independiente en tiempos en los que, aunque muchas mujeres istmeñas tenían un reconocido lugar en el comercio, pocas podían jactarse del enorme éxito financiero que alcanzaría.

Con la libertad de la soltería que siempre gozó, Juana Cata comenzó a viajar a la ciudad de Oaxaca para comprar y vender mercancías. El añil y el cacao producidos en el istmo eran transportados en mula por sus arrieros a la capital del estado. Ella, a lomo de caballo, realizaba el trayecto en ocho o diez días. Era una de «las viajeras», mujeres revendedoras o intermediarias, verdaderas agentes independientes que atravesaban largas distancias para adquirir productos casi siempre en el mismo lugar. En su caso, regresaba con una variedad de productos para vender en la tienda que estableció en Tehuantepec.

Atrás quedaban los años de espía, de vender por las calles y de Remigio Toledo. Ante el triunfo de la República en 1867, continuó mirando hacia el futuro. Una temprana foto suya color sepia (probablemente la más antigua de ella) muestra a una joven Juana Cata delgada, segura y erguida que no lleva huipil, sino un amplio vestido victoriano, eso sí, con el pelo trenzado en dos como lo marcaba su tradición. La comerciante viajera fundaba los cimientos de su fortuna y la transición de su ascenso social mediante años de trabajo incesante. Los designios de su corazón los guardó con gran recelo, no se le conoció más amor alguno.

Una mujer empresaria en el «orden y progreso» del Porfiriato

Una vez que inició el Porfiriato en 1876, la situación económica en el istmo de Tehuantepec era muy compleja, según lo explica la investigadora Leticia Reina:

> En la Oaxaca de finales del siglo XIX, el poder se concentró en manos de una clase dominante oligárquica y cerrada, compuesta por mineros, comerciantes, hacendados, industriales y banqueros, abierta solamente a los inversionistas extranjeros avecindados en la capital del estado, que habían asegurado lealtad y servicios de un grupo de profesionales, la capa alta de la clase media. Esta oligarquía local se despreocupó de hacer una obra social responsable. La mayoría de la población vivía aislada en la pobreza y el estado tenía uno de los índices más altos de analfabetismo

en el país. Había catorce distintos grupos indígenas, de los cuales los zapotecos y los mixtecos eran los más importantes.

La producción agrícola sufrió un cambio sustantivo no solo por el incremento en su volumen, sino por quienes ahora producían esas mercancías que se vendían en nuevos mercados. Así, la elaboración de diversos productos pasó de manos de las comunidades indígenas a las privadas entidades productivas del Porfiriato, como las modernas haciendas y las empresas agrícolas emergentes.

El desplazamiento de la mano de obra por una mayor demanda de productos básicos para la subsistencia de esos campesinos y obreros ya asalariados originó un mercado regional con los excedentes necesarios también para un emergente comercio exterior. «A partir del último cuarto del siglo XIX la economía agrícola, pecuaria [ganadería] y forestal [de la región istmeña] se encauzó fundamentalmente al comercio exterior, con la salida de materia prima y la entrada de productos manufacturados en otros países», también señala Leticia Reina.

El auge económico produjo entonces un tipo de organización social distinta a la de otras zonas del país, en donde las características de la identidad zapoteca se arraigaron profundamente. En esa esplendorosa cultura, las mujeres desarrollaron un destacadísimo papel, llegando muchas de ellas a ser verdaderas cabezas del hogar, así como las generadoras del capital económico. No es extraño entonces que, desde la segunda mitad del siglo, la tercera parte de la población económicamente activa del istmo la integraran mujeres dedicadas a la producción textil y al comercio.

En esa coyuntura, Juana Cata Romero hizo una de sus mayores aportaciones. Su innata intuición de empresaria no encontró obstáculo alguno en el hecho de que jamás había pisado un salón de clases o en que hubiera aprendido a leer y a escribir a los treinta años. Vislumbró, claridosa, que la modernidad que empapaba al país entero traería

grandes ventajas a la agricultura y al comercio de Tehuantepec. A ello se abocaría tenazmente.

Desde 1870 estableció un almacén o tendajón, pero no fue sino hasta noviembre de 1907 que inauguró su emblemática tienda «La Istmeña», gracias a la compra paulatina de casas y terrenos, en el corazón de la vida económica de Tehuantepec: detrás del mercado. Siempre administró sus negocios y, hasta el final de su vida, dio trato preferencial a sus clientes, atendiéndolos personalmente. Como empresaria sagaz, se especializó en textiles y adornos de la industria del vestido. Con la bonanza generada durante décadas, viajó a Estados Unidos, Francia, Inglaterra, Austria, España e Italia para conocer la moda y los avances industriales del ramo en los novedosos almacenes departamentales de finales de siglo XIX y principios del XX. Por supuesto, hizo lo propio en los recién inaugurados Puerto de Liverpool, Palacio de Hierro, Fábricas de Francia y Centro Mercantil de la porfiriana y pujante ciudad de México.

Tras su meticulosa selección, importaba y comercializaba manta, mezclilla, felpa, calicud, lino, percal, franela de algodón, holán, punto, rayadillo, diversos tipos de muselinas, gasa, terciopelo, seda, flecos de oro, hilos, encajes, listones, cintas de tafetán y brocados de todos colores, incluido el bermellón, su favorito. La Istmeña tenía el más grande surtido de telas en toda la región; cambió el rostro de la vestimenta rudimentaria de manta del istmo, utilizada por campesinos y obreros, por atuendos más modernos, dignos y eficientes. Lo mismo ocurrió con el tradicional traje de tehuana, modernizado por la lujosas telas y accesorios que ella introdujo al istmo.

Ubicada en un amplio portal en la avenida del ferrocarril, La Istmeña no solo vendía telas y aplicaciones, sino todo tipo de productos, como bonetería, decoración, loza, cristalería, cubertería, papelería, tlapalería, jarciería e incluso abarrotes. Era su tienda un verdadero emporio comercial repleto de mercancías en vitrinas y anaqueles tras un enorme y elegante mostrador, todos de fina caoba, vigilados por un gran espejo colgado en la pared. Aquella vendedora ambulante de cigarros poseía ahora con orgullo, delicadeza y pericia las riendas del negocio más próspero de la región: el suyo.

La llegada del tren interoceánico, ese puente comercial con el mundo, sería, sin duda, un gran aliado. En 1907, la construcción del ferrocarril transístmico y la del moderno puerto de Salina Cruz, realizados por Porfirio Díaz, catapultaron la economía de la región de manera exponencial. Llegaba la modernidad por mar y por las vías del tren. Los diarios y periódicos locales, nacionales e incluso extranjeros, daban noticias del exitoso establecimiento de una Juana Cata. Vientos de progreso soplaban recios en todo México y en su feudo.

Juana Catarina Romero, convertida en la exitosísima mujer de negocios, fue reconocida y respetada como doña Juana C. Romero, la poderosa mujer tehuana del Porfiriato. La amistad vitalicia con el presidente Díaz daba frutos para llevar ese progreso a Tehuantepec. Doña Juana Cata diversificó su empresa fundando ingenios azucareros, siendo la primera mujer mexicana en recibir un premio internacional al mérito industrial y también en visitar el Castillo de Chapultepec, residencia presidencial de Díaz en la Ciudad de México, por lo destacado de su emprendimiento.

Educar para progresar. Doña Juana C. Romero, «cacica» de Tehuantepec

Juana Cata vivió siempre en su amado Tehuantepec. Muchos autores le confieren el título de *cacica,* por «cacique», voz caribeña de «jefe o gran señor», adoptada en nuestro país desde tiempos virreinales. Pero el poder no solo lo utilizó para sí misma, sino para contribuir al desarrollo y bienestar de su entorno. Tuvo la férrea convicción de compartir con generosidad los beneficios de su logro económico con la sociedad istmeña. Estaba convencida, por lo vivido en carne propia, de educar para progresar, por lo que apoyó a diversas instituciones escolares mediante un altruismo permanente. Plazas, calles y colegios fueron bautizados con su nombre. Su alianza con la Iglesia católica, depositaria todavía de gran parte de la instrucción oaxaqueña, le permitió convertirse en la benefactora del colegio para niñas la Congregación de Hermanas Josefinas. Todavía en 1992, Clotilde Solana de Galard, una de sus exalumnas escribió, agradecida y sentimental, un poema sobre lo que la labor altruista y educativa de doña Juana Cata había significado en su vida.

Juana C. Romero no tuvo hijos. Todos aquellos a quienes favoreció y sus descendientes la recuerdan hasta el día de hoy con gran orgullo y admiración, como si se tratara de una madre. En mayo de 2025, durante una emotiva tertulia en Ciudad de México propiciada por mi tía, la historiadora Isabel Revuelta Revuelta, amiga de algunos miembros de la familia, tras compartir documentos privados; las señoras Irene Flores, viuda de Sergio Millán Romero (sobrino tataranieto); María Clarita Millán Romero de García; Beatriz Eugenia Millán Romero y Leticia Millán Romero de Reza (sobrinas bisnietas, hijas de Raúl Millán Cruz y Clara Mercedes Romero Cartas, sobrina de Juana Cata) me compartieron una entrañable anécdota: «"Mamá Grande" decía que se debía —y se podía— vivir con cosas bonitas», refiriéndose al profundo deseo de superación y éxito que se procuró —y del que se rodeó— siempre la empresaria.

El régimen autoritario en que convirtió su mandato después de tres décadas de avance económico terminó cuando Porfirio Díaz se embarcó el 11 de mayo de 1911 en el *Ipiranga*, de Veracruz hacia Francia, tras su expulsión y exilio por la explosión de la Revolución mexicana y antes de que Juana Cata construyera el célebre *chalet* tipo europeo de dos pisos frente a la estación del tren en Tehuantepec. Este edificio era único en la ciudad; contaba con salón de fiestas con columnas de madera pintada de blanco y dorado y cubierto con un gran cielo de algodón, lino y cáñamo, del cual pendían sendas «arañas» o candiles de cristal cortado, así como muebles y tapices afrancesados. Ahí era donde, según la leyenda almibarada de sus amores, se ofrecían bailes en honor a don Porfirio. Resulta imposible tal creencia, pues el *chalet* se construyó hasta 1912. Eso sí, Juan Cata mantuvo correspondencia con Díaz en el exilio francés, y fue su aliada y amiga por décadas, desde los tempranos días de juventud.

Juana Catarina Romero murió la noche del 19 de octubre de 1915 en plena Revolución mexicana en su etapa constitucionalista, con el Canal de Panamá en 1914 consumado y el impacto en el comercio europeo por la Primera Guerra Mundial. Alcanzó entonces a ver la debacle económica de su amado Tehuantepec por desplome del tránsito de mercancías en el istmo. Murió en el llamado «peor año de la Revolución» por la hambruna y el caos. En octubre de ese fatídico 1915 enfermó gravemente a los setenta y siete años, por lo que fue trasladada hacia la Ciudad de México en un tren especial para recibir la atención médica necesaria. No se sabe de qué enfermó la fuerte mujer; pero, por la gravedad de su estado, a la mitad del camino, sus familiares decidieron hacer una parada en Orizaba, Veracruz, uno de los centros textiles más prósperos, donde Juana Cata tenía numerosos contactos comerciales y conocidos. Fueron ellos quienes la hospedaron llamando a un médico desde la Ciudad de México. Sin embargo, este no llegó a tiempo. Fue velada por múltiples amistades en la capilla de la ciudad veracruzana y, casi de manera inmediata, su cadáver fue llevado en tren a Tehuantepec, donde reposa en la capilla del panteón El Refugio.

Por décadas ha sido malinterpretada. Se le desdibujó en grado extremo como mujer seductora y advenediza, como lo ejemplifica el caso de la popular telenovela histórica sobre el Porfiriato y la Revolución mexicana, *El vuelo del Águila*, de Televisa, en los años noventa del siglo pasado. En esta versión, Juana Catarina es encarnada por la actriz Salma Hayek y se le representa como la sensualísima amante del joven Porfirio Díaz, mostrando incluso apasionadas y eróticas escenas entre ellos. Sobre esta penosa y falaz narrativa, describe la investigadora y activista feminista Margarita Dalton:

> El personaje de doña Juana Catarina Romero se volvió una leyenda y un mito, al grado que una compañía televisiva mexicana la ha utilizado en una telenovela. Los tehuanos protestaron indignados frente a la televisora por la mala presentación del personaje de Juana Cata; se comentaba que quien escribió el guion de la telenovela no tenía idea de quién había sido Juana Cata en Tehuantepec [...]. Para la historia de Tehuantepec, doña Catarina Romero fue una benefactora, se la recuerda con cariño y respeto.

Tras la transmisión al aire del capítulo televisivo, una comitiva de investigadores e historiadores que habían trabajado el telenovelesco guion viajaron a Tehuantepec para presentar una sentida y pertinente disculpa por el agravio a la vida y memoria de Juana Catarina ante la enérgica protesta e inamovible petición de aclaración por parte de sus descendientes y los habitantes istmeños, quienes se sintieron profundamente ofendidos. De cierta manera, el daño estaba hecho. La versión de su relación amorosa se popularizó todavía más al impactar a millones de televidentes, dejando una impronta urgente de eliminar. La vida real de esta valiosa mujer debía conocerse, no solo su leyenda. Se habían vuelto a dejar de lado los hechos de su vida para dar paso a la ficción literaria de «novela del corazón»; una vez más, por encima de la realidad, como sucedió con la Güera Rodríguez.

La obra y la influencia de Juana Cata destacan como una de las puntadas más brillantes que, sin duda, también han bordado las mujeres en el tejido de la historia nuestra. El istmo de Tehuantepec, paraíso terrenal por su riqueza natural, demográfica y cultural, es la zona estratégica de intercambio entre los océanos Pacífico y Atlántico con el centro y el sureste de México.

En esta región las mujeres istmeñas destacan por llevar con gran fortaleza las riendas económicas de sus comunidades. Juana Catarina Romero fue una de ellas. En el idílico istmo, escritores, pintores y fotógrafos las han representado con gran admiración, desde Brasseur de Bourgbourg hasta la extraordinaria fotógrafa Graciela Iturbide, Premio Princesa de Asturias a las Artes 2025. Destacadas figuras como Frida Kahlo, Dolores del Río, María Félix y Elena Poniatowska han utilizado también el magnífico traje de las excelsas tehuanas para rendir honor a esas recias pero majestuosas mujeres istmeñas, mujeres como Juana Catarina Romero, la mujer fuerte de Tehuantepec.

Siglo XX
y albores del siglo XXI

Leonora Carrington

La realidad de la imaginación

Clayton-le-Woods, Chorley, Lancashire, Inglaterra,
6 de abril de 1917- Ciudad de México, 25 de mayo de 2011

Yo era todo, todo estaba en mí;
disfrutaba ver cómo mis ojos
se convertían en milagrosos sistemas solares,
alumbrados por su propia luz...

México parecía un lugar muy exótico.
Todo era nuevo: desde el espíritu de la gente o
la variedad de las comidas, las plantas y animales
hasta el paisaje y el contacto con los muertos.

¿El mundo que pinto? No sé si lo invento,
yo creo que más bien es ese mundo
el que me inventó a mí.

LEONORA CARRINGTON

No hay alguien más alejado del significado de su apodo que Leonora. Sus padres y sus hermanos le llamaban de cariño *Prim,* «remilgada» en inglés, por su excesiva pulidez y compostura. Nada más lejano de la realidad. No es de sorprender que desconocieran a tal grado el espíritu de la indómita Leonora. Su familia no supo comprender la verdadera esencia de esta portentosa y rebelde joven inglesa que, siguiendo el instinto y la pasión que tenía en las entrañas, rompió todos los moldes y las reglas de compostura —reminiscencias de la época victoriana—, para seguir sus pasos rotunda y libremente hasta convertirse en una de las más grandes artistas de finales del vigésimo siglo e inicios del siglo XXI.

Leonora Carrington no experimentó la revolución de su genialidad y talento en su natal Inglaterra. Con esa inmensa fuerza interior y, tras encarnar una vida que parece sacada de uno de los fabulosos cuentos que a la par escribiría, la hazaña la realizó en México. Tras su llegada a nuestro país en 1942, Leonora Carrington se convirtió en una de las máximas exponentes del movimiento surrealista del mundo, a través de cientos de creaciones plásticas y obras literarias.

Hija de un prominente industrial textil, fue debutante con diecisiete años en el mismísimo Palacio de Buckingham, en la corte del rey

Jorge V de Inglaterra. Era poco probable que una joven de su estrato social desafiara cada uno de los obstáculos que la asfixiante sociedad elitista sembraba de antemano en su camino. Pero nada ni nadie se antepondría a la fuerza vital que emanaba desde lo más profundo de su ser: el arte. Leonora decía que, cuando somos niños, dibujamos de manera instintiva para expresarnos, incluso antes de hablar o escribir. Ella no paró de dibujar jamás; de expresarse a través de su fantástica imaginación, magia y genialidad; de plasmar sus sueños y fantasías, todas dibujadas, esculpidas, escritas, en papel, arcilla, bronce, madera..., en cualquier material.

El manantial del que abrevó Leonora fue el de sus raíces, el de su infancia colmada de imágenes del terruño inglés en el que vivió, y de poesía, de cuentos y leyendas celtas de su herencia irlandesa; del manantial de sus vivencias, sus sueños, imágenes, afectos, refugios, visiones, miedos, pasiones; y de sus tragedias, tales como el desenfrenado amor, la separación familiar, la Segunda Guerra Mundial, la persecución nazi, la soledad, el desamor, el colapso nervioso, el internamiento, la tortura y, finalmente, el exilio por instinto de supervivencia. El vehículo que abordó sin cortapisas para materializar ese caudal creativo fue el surrealismo, un movimiento artístico y literario de principios del siglo XX.

Leonora Carrington, por su mágica, muy larga y prolífica producción de más de seis décadas, es una de las mujeres artistas más importantes de nuestra historia. Su obra, colmada de elementos que no responden a la lógica del pensamiento racional, está poblada de extraños personajes: plantas y animales con comportamientos humanos, míticas bestias, humanos que se comportan como bestias y seres sobrenaturales localizados en hermosos parajes o viajes místicos, psicológicos y físicos, en escenarios y lugares cotidianos de etérea belleza, en situaciones inverosímiles y excepcionales. Todos tan excepcionales como ella.

Libre, rebelde y testaruda: infancia y adolescencia en Reino Unido

Leonora Carrington Moorhead nació el 6 de abril de 1917 en la aristocrática mansión llamada Clayton-le-Woods, cerca de Chorley, Lancashire, Inglaterra, en el seno de una prominente familia de clase alta. Su padre, Harold Carrington, era dueño de una fábrica de textiles y accionista en la Imperial Chemicals de Reino Unido. Su madre, Maurie Moorhead, era una exquisita ama de casa nacida en la católica Irlanda. El matrimonio tuvo otros tres hijos: Gerald, Patrick y Steven, siendo Leonora la segunda de sus hijos. Desde la tierna infancia, comprendió que existían dos mundos ambivalentes: por un lado, el de la disciplina autoritaria —de su padre en especial— en la sociedad aburguesada de la clase alta, cerrada al cambio, llena de reglas y convencionalismos; y, por el otro, el mundo maravilloso y libre de su imaginación, nutrida por sus propias lecturas y por las historias que le fascinaba escuchar en las voces de su mamá y de su nana, Mary Cavanaugh, sobre la singular Irlanda, lugar en que ambas nacieron. Le leían cuentos y leyendas de fantásticos parajes míticos poblados por dioses, hadas, monstruos híbridos y bestias fabulosas.

Al continuar viento en popa los negocios del patriarca Harold, la familia Carrington se mudó a Crookhey Hall, un enorme castillo neogótico —«gótico de baño», criticaba Leonora—, de intrincados pasillos, de altos techos y oscuras habitaciones llenas de espejos y muebles antiguos, cobijado por nebulosos y boscosos jardines, en donde Leonora vivió hasta que cumplió diez años y que, más tarde, inmortalizó en cuadros como *Green Tea* y el cuento «La dama oval». Fue en ese momento que la realidad y los sueños animaron una vida llena de dinamismo y de magia, «de esta fabulista de la pluma y el pincel», en palabras de la historiadora del arte Lourdes Andrade. Desde muy temprano se dio cuenta de que en ella era natural lo que en otros consideraban sobrenatural.

El cada vez más acaudalado señor Carrington chocaba con el carácter de su hija. Fue ahí donde la adolescente Leonora empezó a romper con el cuadro idílico de la familia perfecta. Prim dejó de ser remilgada, pulcra y arreglada, y se reveló como la hermosa joven de inmensos y profundos ojos negros, imponente amazona de enorme y rizada cabellera caoba.

Siempre se sintió un ser libre y buscó revelarse contra las estrictas normas de su familia y la sociedad, aunque no sería sencillo romper esas barreras. Tras la educación en casa y las oníricas tardes con su nana Cavanaugh y su madre irlandesa, el tiempo transcurrió entre mundos fantásticos narrados y libros devorados. Llegó la hora de continuar con su educación en dos de los más prestigiados internados de Inglaterra: New Hall en Chelmsford y St. Mary's Ascot en Berkshire. Leonora odió la educación ortodoxa y fue expulsada de ambas escuelas católicas, situación que exacerbaba a sus padres porque no lograban comprenderla.

Su interés por el arte y el diseño ya estaba definido, aunque sus padres consideraban que ser artista era algo inmoral. Para condescender un poco, su madre la envió a estudiar a la escuela de buenos modales para jovencitas Miss Penrose School for Girls, en la Piazza Donatello, en Florencia, Italia. A Leonora, adolescente de quince años, se le llenaron los ojos de arte y emoción los siguientes ocho meses en que visitó las galerías y los museos de la ciudad renacentista. Las obras de los grandes maestros del arte universal le resultaron infinitamente más formativos que cualquier manual de modales. Un año más tarde, en París, otra fabulosa ciudad cargada de museos, se llenaría más de inspiración y nuevas impresiones: bajo la tutela de su profesor Simon, aprendió dibujo y pintura realista.

A su regreso a Londres en 1935, a Harold Carrington le pareció una buena idea presentar a su hija, que cumplía los dieciocho años, en la alta sociedad a la que pertenecía, organizando su debut en el Palacio de Buckingham ante la corte del rey Jorge V y un gran banquete en el Hotel Ritz para celebrar el aristocrático acontecimiento. Para Leonora fue poco más que una pesadilla llena de reglas e incomodidades, empezando porque la tiara se le incrustó dolorosamente en la cabeza. Era momento de romper con ese mundo en el cual no encajaba y que le parecía esnob, hipócrita y superficial. Debía romper con las ataduras de su padre, al que retaba constantemente. Así lo hizo. La vida que se buscó para sí misma con la fuerza de la naturaleza estaría cargada de luces y sombras.

En el cuento «La debutante», que años más tarde escribiría, representó a su padre como lord Candelabro, rígido y elegante, presidiendo banquetes, bazares de beneficencia, encuentros, simposios, juntas de consejo, carreras ecuestres y encuentros sociales de todo tipo. Leonora reconocería en una conversación con la escritora mexicana Silvia Cherem, en 2003, que su padre había sido ejemplo de un hombre común que aceptaba las normas sociales; de un ser humano ético, tolerante y honesto; de un individuo que se horrorizaba ante la maldad y la violencia, pero que vivió atado a la racionalidad y que no supo comprenderla. «Era un hombre sin pretensiones, quizá solo lo hubiera hecho feliz si me hubiera casado con un hombre rico y hubiera sido una digna señora de sociedad», recordaba sobre Harold décadas después. Leonora valientemente escogió otro camino: el de su pasión.

Abrevar de los sueños: el surrealismo y Max Ernst

Decidida e inmersa en ese mundo recóndito y hechizado, Leonora continuó dibujando, pintando y escribiendo sobre historias de hadas, duendes y toda clase de animales, desde domésticos hasta bestias salvajes. Con la fauna tuvo un vínculo muy especial que marcaría su vida para siempre. El mejor ejemplo es el emblemático caballo, su «animal

familiar», desde entonces presente en su obra en diversas formas. Los caballos eran seres a los que consideraba místicos, poderosos y etéreos. Ella se asume a sí misma como un caballo, como una yegua blanca, que se dejará ver recurrentemente en sus pinturas y en las sombras de estas.

Una vez más, con el apoyo de Maurie y para liberar las tensiones con su padre, Leonora fue enviada en 1936 a la Chelsea School of Art en Londres, bajo el cuidado de Serge Chermayeff, conocido de la familia que mejor le recomendó a Leonora inscribirse a la recién inaugurada academia del artista francés Amédée Ozenfant. Ahí finalmente pudo estudiar dibujo. Conoció a Úrsula Blackwell-Goldfinger, compañera de clase que un año después la llevó a la disruptiva y gran exhibición surrealista que se presentaba en las New Burlington Galleries en Mayfair, donde vio la obra del reconocido pintor franco-alemán Max Ernst, a quien pudo conocer en la fiesta posterior a la muestra. La vida como Leonora la había conocido hasta entonces terminó en ese instante.

El movimiento surrealista surgido en, París en 1924, derivado directamente del dadaísmo, buscó representar el inconsciente del artista, lo espontáneo. Regido intelectualmente por los preceptos del psicoanálisis de Sigmund Freud, pero en esencia por el manifiesto escrito por el francés André Breton, aseguraba que el artista era quien tenía la libertad absoluta de expresión y que en sus sueños estaba la inagotable fuente inspiradora de su obra; por supuesto, al margen de toda razón y orden moral, religioso o estético. En el *surrealismo,* término que acuñó Breton, la imaginación que no tiene límites convertía en realidad la lógica del absurdo.

Durante tres semanas, la exposición cimbró estruendosamente a la sociedad conservadora londinense. Treinta mil personas visitaron curiosas las más de cuatro mil obras artísticas y eventos literarios de las figuras del siglo: André Breton, Salvador Dalí, Pablo Picasso,

William Walton, Marcel Duchamp, Paul Klee, Man Ray, René Magritte, Henry Moore, Dora Maar, Sheila Legge, Joan Miró, Wolfgang Paalen, entre muchos otros. Y, por supuesto, había dieciséis obras del consagrado Max Ernst, excepcionales, vanguardistas, estridentes y controvertidas.

Dos años más tarde, en una visita a nuestro país, André Breton acuñaría la célebre frase: «México es surrealista». Aquí los artistas surrealistas produjeron un tipo de obra en la cual la irrealidad triunfaba y se imponía sobre cualquier otro tipo de influencia. Abordaban la angustia personal, la muerte, la extrañeza de la vida cotidiana, y se negaban a dar respuestas fáciles sobre sus significados. El surrealismo fue una revolución de la conciencia que tuvo lugar por más de medio siglo. La fuente del arte surreal fue el subconsciente, síntesis de lo imaginario con la razón. Algunos artistas utilizaron las formas y los colores que tenían en su propia realidad. Dentro de esta corriente artística, lo posible no necesariamente debía estar justificado por lo conocido.

En palabras de la investigadora del arte Danielle Goebel:

> [El surrealismo] representa fantasías, sueños y visiones. La maravilla cobra vida, se materializa, quedando para siempre plasmada en una obra de arte. Retando convicciones y creencias, desafiando la realidad del día a día; el surrealismo nos invita a volar, conmoviendo nuestra sensibilidad humana, despojándonos del miedo, a disfrutar de la belleza que solo existe mientras nos dejamos llevar y soñamos.

Por su propia experiencia, años después, Leonora daría la mejor de las definiciones: «Es simplemente un estado del espíritu y nada más; un estado que no tiene explicación alguna».

Pero no solo Londres tembló aquel año de 1936. La joven Leonora quedó absolutamente prendada del movimiento surrealista y del célebre Max Ernst, pintor de cuarenta y seis años, de espíritu libre y poderosa mirada; enamorada del hombre y su obra, no siguió nada más

que su pasión y su instinto indómito. Leonora abandonó todo para fugarse con él a París y reunirse con el más selecto grupo de artistas del surrealismo, entre ellos André Breton y el diplomático mexicano Renato Leduc, personaje que más adelante sería muy importante en su vida. El escándalo en su familia y la sociedad inglesa, así como la irrupción surrealista, fue de proporciones épicas. Harold Carrington no concebía que su hija se hubiera fugado con un hombre veintiséis años mayor que ella, sin fortuna, casado y de costumbres tan disipadas a sus ojos. La relación padre e hija habría de romperse para siempre. Asumiendo el riesgo de sus corazonadas, Leonora se lanzó a la libertad, no sin pagar el costo que venía con ella.

Su hijo, el escritor mexicano Gabriel Weisz, honra el recuerdo de su madre Leonora explicando el parteaguas de su vida: «Mi madre abandonó a una familia angloirlandesa muy tradicional para perseguir su vocación como pintora. Estoy convencido de la enorme valentía que debió impulsarla para dejar atrás a un padre que toda vez que pudo hizo lo indecible para obstaculizar la vida como mujer y como artista de su hija».

Al poco tiempo, Leonora y Max se mudaron a la pequeña y tranquila localidad de Saint-Martin-d'Ardèche, al sur de Francia, muy lejos del mundo de la burguesía inglesa. Durante tres años vivieron un idílico momento amoroso, personalísimo e intenso, en el cual Leonora dio rienda suelta a su creatividad artística y pasión personal. Jugaban y creaban juntos; asimismo, recibían amigos en esa burbuja de exaltación y sueño. Ernst era un hombre muy culto que la influenció enorme y positivamente en su quehacer pictórico. El mundo se abría maravilloso para la pintora en ciernes. Leonora lo representa en un cuadro como un ave, en medio de un paisaje nevado, al fondo del cual se retrata ella misma en la figura de un caballo de hielo. Lourdes Andrade detalla la obra y las entrelíneas así:

> Por aquel entonces aparece en su vida un mago, una de las estrellas que brilla más en el firmamento surrealista, es «Lop, Lop, el pájaro superior». Max Ernst, el chamán de ojos resplandecientes, se apodera al instante del alma de Leonora. Aparece con un plumaje esplendido, ojos embrujados y una lámpara oval, dentro de la cual se distingue la figura de un equino. Max es el amo del juego y del ritual artístico, su inventiva no tiene límites, su encanto es insidioso. Atrapa entre sus redes de prestidigitador el corazón de la joven Leonora, quien hermosa, apasionada y talentosa, como una princesa celta desempacada de las nieblas de Irlanda, fascina a Ernst.

Pero la tragedia de la Europa convulsa por el nazismo y la guerra los devoró implacablemente. En 1939 los alemanes invadieron Francia, y Max fue hecho prisionero por ser alemán. Devastada y sola, en un país que no era el suyo, sufrió una profunda depresión. El desequilibrio y la desesperación por la pérdida de su compañero la llevaron al infierno.

Su paso por el infierno y la huida definitiva: de Santander a Lisboa, a Nueva York y a México

Con la ayuda de su amiga inglesa Catherine Yarrow y su novio, Leonora huyó en automóvil a España cruzando por los Pirineos. Pero una vez en territorio español, volvió a sufrir otro colapso nervioso, y, a través de empleados de su padre, fue internada en el sanatorio psiquiátrico del doctor Morales, en Santander. En su texto *Memorias de abajo*, la propia Leonora relató de manera estremecedora su horrible paso por «la locura»: la impotencia ante la detención de Ernst, la huida por la escabrosa noche entre los Pirineos y su paso por Madrid, colmado de impertinencias y arrebatos en la embajada británica, donde finalmente fue enviada a «las garras de los psiquiatras».

Las fauces de la desgracia se abrieron de manos del doctor Morales y su equipo de la casa para enfermos mentales, quienes le

administraron varias veces Cardizol, un precursor químico del electroshock que le causó ataques de epilepsia, dejándola destrozada por dentro y por fuera. La primera vez, recordaba Leonora, tuvo una crisis de alrededor de diez minutos, volviendo en sí desnuda y en el suelo: «convulsa, lastimosamente horrenda, gesticulaba, y mis muecas las repetían todas las partes de mi cuerpo». Torturada, humillada, desacreditada como ser humano, experimentó el caudal de su mágico y «sinrazón» mundo interior hasta entonces inaccesible para ella. El abrevadero de su creatividad emanó también del fondo de su pesadilla.

Ya estando un poco «recuperada», su familia decidió enviarla —esconderla— en Sudáfrica, donde viviría una vida discreta, controlada y alejada del escándalo, tras los «vergonzosos disparates de Prim». A su paso por Madrid, en su camino a los confines del continente africano, el destino hizo que se encontrara con Renato Leduc, el diplomático mexicano que había conocido en tiempos parisinos. Este, ahora el secretario de la Legación Mexicana en Lisboa, al conocer los terribles embates por los que había pasado Leonora y su intención de huir a América del exilio pretendido por sus padres, atento, le ofreció su ayuda. Una vez más, la fuerza y la libertad que emanaban de Leonora la llevaron a escapar del yugo de Harold hacia el país lusitano. Nunca más volvería a ver a su padre. Y tras este último escape, solo en unas cuantas ocasiones visitó a Maurie y a sus hermanos. Tras otro periplo urdido por la tenaz pintora en una Europa en llamas, logró llegar sola a la embajada de México en Lisboa.

Renato y Leonora se casaron el 26 de mayo de 1941, ella de veinticuatro años y él de cuarenta y cuatro años. Si bien los movía el fin de poder trasladarla a México, también lo hicieron por el afecto y la atracción que sintieron de inmediato en las semanas previas al enlace, mientras convivían como pareja en el departamento de Renato, en espera de los documentos de Leonora en el Consulado General Británico, donde se celebró el matrimonio.

En la épica novela de aventuras en que se había convertido su vida, durante los días en Lisboa, Leonora se encontró de nuevo con Max Ernst. Él también cruzaría el Atlántico hacia Nueva York para escapar, en su caso, de la guerra y la percusión nazi. Ernst se había fugado del campo de internamiento y, al no encontrar a Leonora en Francia, se adhirió en la villa Air-Bel al Comité Internacional de Rescate de Emergencia que ayudaba a decenas de artistas a librarse del horror europeo. En Air-Bel se encontró con la millonaria galerista y coleccionista estadounidense Peggy Guggenheim, a quien él y Leonora conocieron tiempo atrás en París. Por esos días en Lisboa, Peggy y Max eran amantes. A pesar de que el pintor no había dejado de amar a Leonora, estaba con Peggy por conveniencia. Por su parte, Leonora, tras unos días juntos, abordó el 11 de julio de 1942, el *SS Exeter* con destino a Nueva York junto a su esposo mexicano Renato Leduc. El vínculo que nacía entre la pintora inglesa y nuestro país, desde el día en que adquirió la nacionalidad mexicana por su boda con Leduc hasta el día de hoy, es indivisible.

La insospechada pareja Carrington-Leduc se estableció un tiempo en Nueva York, ciudad que se convertiría en la capital de la cultura tras la Segunda Guerra Mundial y la contracultura de la postguerra. Cientos de artistas exiliados desde Europa se asentaron en ella, cobijados por Peggy Guggenheim, quien, tras morir su padre en el hundimiento del *Titanic* en 1912, radicó con la enorme fortuna heredada en el trepidante París de los años veinte. Ahí Peggy conoció a Marcel Duchamp y las entretelas del mundo de la plástica, decidiendo apoyar vorazmente al naciente arte moderno. A su feudo neoyorkino llegarían creadores como Leonora Carrington, Amédée Ozenfant, André Breton, Piet Mondrian, Marc Chagall, Luis Buñuel y Max Ernst, con quien se casó finalmente en 1942, cuando Estados Unidos declaró la guerra a los países del Eje.

En el ambiente festivo y de reuniones de esa élite cultural neoyorquina, Max seguía amando a Leonora en secreto —un secreto a voces

que enloquecía a Peggy de celos—. Aunque Leonora y Max volvieron a estar juntos en algunas ocasiones, el corazón de ella ya no le correspondía a él.

Leonora se ilusionó con la decidida, elegante y pulida personalidad de su esposo, quien se mostraba algo distante hacia ella. Vivían como marido y mujer, pero pasaba mucho tiempo sola, esperando a que regresara Renato mientras veía las calles de Manhattan por la ventana. Renato no la amaba de igual manera, incluso Leonora lo escribió en una desolada carta:

> Te amo atrozmente, este lugar es horrible sin ti... ¿Qué haces? ¿En dónde estás? RENATO, POR EL AMOR DEL DIABLO VEN PRONTO... Tú estarás tranquilo cuando regreses y no te imaginarás que he pasado por tales tormentas de miedos y tristezas.

Pero Leonora también tuvo la oportunidad de seguir pintando y escribiendo, de participar en exposiciones importantes y lograr una proyección internacional. «Nueva York se rinde ante Leonora», escribe la gran escritora Elena Poniatowska, sobre su paso por la urbe estadounidense. Al cabo de algunos meses, a finales de 1942, el diplomático mexicano lograba regresar a México después de casi un lustro de ausencia. Su esposa dejó todo para seguirlo. Leonora no pudo despedirse de Max, que se encontraba de viaje con Peggy en la Costa Oeste y, al igual que le sucedió con su padre, nunca más volverían a verse. Así comenzaba su historia en México. La historia de las raíces familiares, amistosas y artísticas que le crecieron aquí, hondas y robustas, entrelazadas con las de la plástica del siglo XX mexicano, a lo largo de su residencia de sesenta y nueve años.

México, la familia que sí escogió y la plenitud artística

El estado posrevolucionario mexicano al que llegó la pintora era el del Desarrollo estabilizador, el de una pujante economía. El gobierno de Lázaro Cárdenas, solidariamente, abrió las puertas a miles de refugiados europeos y asiáticos de la Segunda Guerra Mundial, a republicanos de la Guerra Civil Española, muchos de ellos intelectuales y artistas. México brillaba ante el mundo con el rostro de su cultura y la búsqueda de la modernidad a través de la época dorada del cine y un ambiente lleno de arte e intelectualidad.

Leonora se sorprendió desde el primer momento a su llegada a nuestro país en 1942; todo le parecía exótico, nuevo, fascinante. Se instaló con Renato en un departamento cerca del mercado de Mixcoac, donde se asombró con el espíritu de la gente, el culto a los muertos, los distintos animales, las plantas, el paisaje y, por supuesto, la variedad de comida. Al poco tiempo se cambiaron a la colonia San Rafael, donde poco a poco el matrimonio se resquebrajó irremediablemente ante la soledad de Leonora y el vertiginoso ritmo de vida social y político de Leduc como columnista del periódico *Excélsior.* Asiduo a las comidas en restaurantes y cantinas, los espectáculos nocturnos y las corridas de toros (Leonora amaba a los animales) con un nutrido grupo de amigos y colegas, la brecha entre la pareja se profundizó. Renato Leduc será uno de los periodistas y escritores más prolíficos y destacados de su época y amigo para siempre de Leonora, tras su divorcio el 5 de enero de 1945. En palabras de su hija Patricia Leduc (nacida del matrimonio posterior con Amalia Romero), «procedían de mundos diferentes y su relación no podía prosperar de ninguna manera, las circunstancias los unieron y las circunstancias los separaron».

En la calle de Gabino Barreda, muy cerca de su casa en la San Rafael, Leonora encontró el cobijo de quienes se convertirían en su familia escogida: la pintora Remedios Varo y su esposo, el poeta Benjamin Péret

—ambos del grupo de André Breton—, quienes organizaban tertulias con otros surrealistas y refugiados europeos. Fue en una de estas que conoció al hombre que la acompañaría el resto de su vida: el fotógrafo húngaro de origen judío Imre Emérico Weisz, a quien todos llamaban Chiki y que era otro de los asiduos integrantes de las tertulias de exiliados, como la también fotógrafa húngara Kati Horna y su esposo, el escultor español José Horna. Kati y Chiki habían trabajado juntos con el mítico fotógrafo estadounidense Robert Capa durante los años de la Guerra Civil Española.

Chiki fue el protagonista de la inverosímil historia detrás de la mundialmente célebre exposición fotográfica «La maleta mexicana»; así se le conoce por el fantástico episodio en que el húngaro rescató del estudio de Capa, en el París ocupado por los nazis, un paquete con tres cajas de rollos y negativos de las invaluables fotografías de la guerra en España. Después de entregarlos a la embajada de México, cruzó el océano en la valija diplomática (la maleta mexicana), que permaneció oculta en nuestro país hasta los años setenta. Sin sospecharlo, antes de llegar a México, después del horror que padeció en un campo de concentración en Marruecos, Chiki Weisz también tejía hilos invisibles con nuestra historia.

Leonora y Chiki Weisz se casaron el 7 de enero de 1946 en la Ciudad de México, rodeados del entrañable círculo de amistades con quienes compartirían vida y quehacer artístico, íntima y cotidianamente, durante décadas. Un par de años después, «La novia del viento», como la llama Lourdes Andrade, concibió a sus hijos Gabriel (1946), escritor y maestro universitario, y Pablo (1947), médico patólogo y artista plástico. Leonora y Chiki permanecieron juntos hasta la muerte del fotógrafo en 2007.

Pronto se unirían a la peculiar cofradía otros artistas, como el joven mexicano Gunther Gerzso, para participar en juegos, proyectos colectivos, así como fiestas y diversiones. El contacto con estos poetas y artistas fue el estímulo con el que se consumó la mujer artista. Leonora Carrington logró la plenitud creativa y la realización de su espíritu indomable en México, junto a Remedios Varo y Kati Horna, sus grandes amigas y colegas. Fueron llamadas las «tres brujas del arte», porque compartieron influencias no solo surrealistas, sino de fuentes como la alquimia, la astrología, el psicoanálisis y el ocultismo. Mágicas y fantásticas, realizaban tanto obras conjuntas como bromas entrañables. Por ejemplo, figura la ocasión en que Leonora sirvió tapioca con tinta de calamar en un convite, como si fuera caviar, con la complicidad de Remedios. Místicas y solidarias compañeras, transcurrieron su existencia entre sus sueños, dolores, alegrías y cotidianidades.

El quehacer artístico que emprendió Leonora Carrington en México es hoy parte de nuestro patrimonio cultural; no solo abarca su obra, sino también su propia vida como artista, por la importancia y trayectoria dentro de la cultura mexicana. Señala el historiador Carlos Osbert Gallegos, en su tesis *Remedios Varo y Leonora Carrington. Dos visiones del surrealismo en México: 1943-1963*, que tanto los trabajos de Remedios Varo como los de Leonora Carrington son resultado de un sincretismo entre su educación tradicional europea y los aspectos de la cultura mexicana, especialmente de la tradición prehispánica:

> A partir de los recuerdos de su vida en Europa y el inicio de una nueva vida en México, logró madurar su estilo artístico, otorgándole un toque sumamente personalista, autorretrospectivo y alejado de los intereses políticos que por entonces rodeaban el mundo del arte a nivel mundial. El surrealismo en la obra de Remedios Varo y Leonora Carrington representa el principio más fundacional del movimiento, es decir, el artista busca entrar en contacto con su yo interno para establecer una reflexión sobre su condición como individuo y permitir que la psique se refleje a través del arte.
>
> En el análisis del cuadro «El mundo mágico de los mayas», presenta experiencias personales relacionadas con otras culturas, al mismo

> tiempo que logra un interesante sincretismo cultural a partir de las tradiciones celtas y las mexicanas (prehispánicas), símbolos y elementos que toma para resaltar la importancia que tiene para el ser humano la creación de una identidad [...].
>
> [...] las ideas [y sus obras] a lo largo de los años fueron tomadas de los principales postulados del surrealismo, tal como fue la autoproyección del subconsciente [...]. Nuevas e interesantes propuestas plásticas dejaron atrás a los muralistas y por ende al arte oficial.

Si bien inmersa y empapada del movimiento surrealista, Leonora nunca intentó entender los motivos de su arte; pintó porque le nacía, declaró a Silvia Cherem en 2003, durante una las pocas entrevistas otorgadas, quien también recuerda y describe a Leonora como «desconfiada y frágil, se abriga con un caparazón de hostilidad». No hablaba con periodistas ni con académicos sobre su obra, la fama no le interesó jamás. Tras varias mudanzas al inicio de su llegada a México, por más de cincuenta años, vivió en la vetusta casa de la calle de Chihuahua, en la colonia Roma de la Ciudad de México. A los ochenta y seis años seguía trabajando.

Hizo de México su país sin recurrir a temas nacionalistas o costumbristas; únicamente realizó el mural *El mundo mágico de los mayas* con temas históricos mexicanos. La libertad de expresión la encontró en México. Incansable pintora, escultora, escritora, escenógrafa y dramaturga dirigida por Alejandro Jodorowsky. Participó con el británico y amigo cercano Edward James en Xilitla, el Jardín Mágico en la Huasteca Potosina, que es un museo que rinde homenaje a su obra. Su legado artístico lo integran aproximadamente doscientos cuadros y sesenta y ocho esculturas, la gran mayoría producida en nuestro país.

Leonora Carrington es *la* pintora y *la* escritora surrealista por antonomasia. Su prolífica obra forma parte de las colecciones permanentes de los museos más importantes y prestigiosos del mundo, como el Metropolitan Museum of Art de Nueva York, el Art Institute de Chicago, el Museo Nacional de las Mujeres de Washington, la Galería Tate de Londres, el Museo de Arte Moderno y los dos magníficos museos que llevan su nombre en nuestro país: el de San Luis Potosí y el de Xilitla.

La vida de la artista nacida de la libertad y la rebeldía se extinguió de este plano para existir por siempre en el mundo mágico de sus cuadros, ese mundo que inventó con fuerza y belleza únicas. Leonora Carrington murió a los noventa y cuatro años en la ciudad que le cobijó los sueños por casi siete décadas, el 25 de mayo de 2011, extendiendo para la eternidad las sobrenaturales alas que le crecieron en México.

Reivindicando a Prim, quien vivió la vida en sus propios términos

Leonora vivió una vida extraordinaria y creó, desde el fondo inagotable de su creatividad, un mundo igual de extraordinario. Olvidó la vida que le prometía comodidades, para ser libre de seguir a su apasionada vocación, a pesar de tragedias y sufrimiento. La familia que dejó atrás en Inglaterra la vio pocas veces después de su partida. Tachándola de ser la oveja negra, ignoraban que Leonora se había convertido en una artista de talla mundial.

Sin embargo, en otra de las vueltas que tuvo su destino, Joanna Moorhead, periodista del diario londinense *The Guardian*, descubrió en una comida en la primavera de 2006 en Lancashire, que la rebelde tía Prim, de quien escuchó algunas historias a lo largo de su vida, era una de las pintoras más importantes del siglo pasado. En esa comida conoció a una mexicana historiadora del arte que se asombró ante su desconocimiento de ser familiar de Leonora Carrington.

Joanna, sobrina segunda de Leonora, viajó varias veces a la Ciudad de México para recuperar —y reivindicar— a su tía, de ochenta y nueve años. En varias entrevistas en la intimidad de su mítica cocina, la pintora pareció haber escogido a su sobrina para que escribiera una especie

de autobiografía basada en las charlas que sostuvo con Joanna, treinta y seis años menor.

El resultado fue el entrañable libro *La surrealista vida de Leonora Carrington,* publicado en 2017, seis años después de la muerte de la pintora. Más allá del gran valor de la publicación sobre su obra y vida, estremece la dedicatoria que Joanna hace a sus propias hijas, descendientes directísimas de la indomable Leonora, en la que reitera que la insólita vida de esta mujer no supo ser comprendida por los suyos; de manera que ya era momento de que así fuera:

A Rosie, Elinor, Miranda y Catriona, mis hijas.
Espero que vivan siempre como lo hizo Leonora:
bajo sus propios términos.

Bibliografía

Bibliografía general

Caso, Ángeles, *Las desheredadas. Una historia de mujeres creadoras, siglos XVIII y XIX*, Lumen, Penguin Random House, Barcelona, 2023.

Dunn, Daisy, *La venganza de Pandora. Una historia del mundo antiguo a través de las mujeres*, Crítica, Editorial Planeta, México, 2024.

Oñoro, Cristina, *Las que faltaban. Una historia del mundo diferente, Taurus*, Penguin Random House, Madrid, 2022.

Patou-Mathis, Marylène, *El hombre prehistórico es también una mujer*, Lumen, Penguin Random House, México, 2021.

Sánchez Romero, Marga, «Prehistoria de Mujeres» (prólogo de *El Barquista*), Crítica, Editorial Planeta, Barcelona, 2022.

La Reina Roja maya

Barbeytia, Luis y Mauricio Gómez Morin (ilustraciones), *Pakal. El gran rey maya de Palenque*, Cidcli Ediciones, Dirección General de Publicaciones, Secretaría de Cultura, México, 2017.

De la Garza, Mercedes, «Palenque ante los siglos XVIII y XIX», en *Estudios de Cultura Maya*, vol. XIII, Instituto de Investigaciones Filológicas,

Centro de Estudios Mayas, Universidad Nacional Autónoma de México, México, 1981.

De la Garza, Mercedes, Guillermo Bernal Romo y Martha Cuevas García, *Palenque Lakamha'. Una presencia inmortal del pasado indígena,* Fondo de Cultura Económica, El Colegio de México, Fideicomiso Historia de las Américas, México, 2012.

De Landa, Fray Diego, *Relación de las cosas de Yucatán* (Ángel María Garibay, introducción), Porrúa, México, 11.ª edición, 1978.

Farriss, Nancy, *La sociedad maya bajo el dominio colonial,* Artes de México, Dirección General de Publicaciones de Conaculta, Instituto Nacional de Antropología e Historia, México, 2012.

González Cruz, Arnaldo, *La Reina Roja. Una Tumba Real,* Consejo Nacional para la Cultura y las Artes, Instituto Nacional de Antropología e Historia, Turner, México, 2011.

———, «La Reina Roja de Palenque y su ajuar funerario», *Arqueología Mexicana,* núm. 97, Edición Especial, junio 2021.

Gutiérrez, César y Natalia Gurovich, *Pakal y la Reina Roja. La memoria de los reyes,* Fundación Cultural Armella Spitallier, México, 2014.

Houston, Stephen y Andrew Sherer, «La ofrenda máxima: el sacrificio humano en la parte central del área maya», en *El sacrificio humano en la tradición religiosa mesoamericana,* Leonardo López Luján y Guilhem Olivier (coordinadores), Instituto Nacional de Antropología e Historia, Universidad Nacional Autónoma de México, México, 2010.

Iturriaga, José N., *El medio ambiente de México a través de los siglos. Crónicas extranjeras* (antología), Universidad Nacional Autónoma de México, Coordinación de Humanidades, Programa Editorial Fundación Miguel Alemán, A.C., México, 2013.

Juárez Cossío, Daniel, «Knórozov, o de ¿cómo puedes mirar el Neva?», *Arqueología Mexicana,* núm. 177, México, 2022.

León-Portilla, Miguel, *Historia documental de México/edición Miguel León-Portilla* (cuarta edición corregida y aumentada), vol. I, Universidad Nacional Autónoma de México, Instituto de Investigaciones Históricas, México, 2013.

León-Portilla, Miguel (introducción) y Arturo Chapa (fotografía), *Oraciones en Piedra. Templos y Palacios Mesoamericanos*, Consejo Nacional para la Cultura y las Artes, Instituto Nacional de Antropología e Historia, Landucci Editores, México, 2005.

López Austin, Alfredo y Leonardo López Luján, *El Pasado Indígena*, El Colegio de México, Fideicomiso Historia de las Américas, Fondo de Cultura Económica, México, 2014.

López Hernández, Miriam, *Mujer divina, mujer terrena. Modelos femeninos en el mundo mexica y maya*, Libros de la Araucaria, México, 2012.

López Jiménez, Fanny, «¿Quién es la Reina Roja?», *Arqueología Mexicana*, núm. 69, México, 2004.

López Luján, Leonardo y Guilhem Olivier (coordinadores), *El sacrifico humano en la tradición religiosa mesoamericana*, Instituto Nacional de Antropología e Historia, Universidad Nacional Autónoma de México, Instituto de Investigaciones Históricas, México, 2010.

«Nuevos estudios de la Reina Roja de Palenque», *Arqueología Mexicana*, núm. 121, México, 2013.

Malvido, Adriana, *La Reina Roja. El secreto de los mayas en Palenque*, Consejo Nacional para la Cultura y las Artes, Instituto Nacional de Antropología e Historia, Plaza y Janés, México, 2006.

__________, *La Reina Roja. El secreto de los mayas en Palenque*, Edición 30 aniversario, DeBolsillo, Penguin Random House, México, 2025.

__________, *La noche de la Reina Roja* (ilustraciones de Gabriel Martínez Meave), Consejo Nacional para la Cultura y las Artes, México, 2012.

Martin, Simon y Nikolai Grube, *Crónicas de los reyes y las reinas mayas. La primera historia de las dinastías mayas*, Planeta, México, 2022.

Martínez-Gómez, Raquel, *La máscara del rey maya*, Planeta, México, 2023.

Matos Moctezuma, Eduardo, «¿Feminismo Prehispánico?», en *Mentiras y Verdades en la Arqueología Mexicana*, Antología de textos de Arqueología Mexicana, México, 2018.

———, «La tumba de Pakal en Palenque», en *Grandes Hallazgos de la Arqueología. De la muerte a la inmortalidad*, Lourdes Cué (iconografía), Tiempo de Memoria, Tusquets Editores, México, 2013.

Moncada Galán, Raúl, *Las siete lunas de la Reina Roja*, Quadrivium Editores, México, 2013.

Popol Vuh. Libro Sagrado de los mayas, Montejo, Víctor (versión), Luis Garay (ilustraciones), Artes de México, México, 2012.

Revista Artes de México, *El arte del tiempo maya*, núm. 107, México, 2012.

Revista Artes de México, *Carl Nebel. Pintor del siglo XIX*, núm. 80, México, 2006.

Ruz Lhuillier, Alberto, *El templo de las inscripciones: Palenque*, Fondo de Cultura Económica, México, 2.ª edición, 2013.

Stuart, Gene S. y George E. Stuart, *Los reinos perdidos de los mayas*, División de Libros de National Geographic, RBA Ediciones, España, 1993.

Tiesler Blos, Vera y Andrea Cucina, «Sacrificio, tratamiento y ofrenda del cuerpo humano entre los mayas peninsulares», en *El sacrificio humano en la tradición religiosa mesoamericana*, Leonardo López Luján y Guilhecm Olivier (coordinadores), Instituto Nacional de Antropología e Historia, Universidad Nacional Autónoma de México, México, 2010.

Tiesler Blos, Vera, Andrea Cucina y Arturo Romano Pacheco, «Vida y muerte del personaje del Templo XIII-Sub, Palenque, Chiapas. Una mirada bioarqueológica», en *Culto funerario en la sociedad maya. Memoria de la Cuarta Mesa Redonda de Palenque*, Rafael Cobos (coordinador), Instituto Nacional de Antropología e Historia, México, 2004.

Thompson, John Eric Sydney, *Grandeza y decadencia de los mayas* (traducción de Lauro José Zavala), Fondo de Cultura Económica, México, 3.ª edición, 2017.

Vela, Enrique, «La cripta del Templo de las Inscripciones, Palenque, Chiapas» y «Tumba de la Reina Roja, Palenque Chiapas», en Tumbas de la Antigüedad. Mesoamérica y el mundo, *Arqueología Mexicana*, Edición Especial, núm. 58, México, 2014.

Vega Villalobos, María Elena, *Un naufragio en las costas de Yucatán. La civilización maya a principios del siglo XVI*, México 500, Universidad Autónoma de México, Instituto de Investigaciones Históricas, Publicaciones Fomento Editorial, México, 2021.

Tecuelhuétzin, doña Luisa Xicoténcatl

Aguado Serrano, Carolina, *No fueron solos: mujeres en la conquista y colonización de América*, Ministerio de Defensa, España, 2012.

Asselbergs, Florine, *Los Conquistadores Conquistados. El Lienzo de Quauhquechollan: una visión nahua de la conquista de Guatemala* (Eddy H. Gaytán, traducción), Plumsock Mesoamerican Studies-Cirma, Antigua Guatemala, 2018.

Baena Zapatero, Alberto y Estela Rosillo Soberón (coordinadora), *Mujeres en la Nueva España*, Universidad Nacional Autónoma de México, México, 2016.

Bell, Elizabeth, *La Antigua Guatemala. La ciudad y su patrimonio*, Recorridos Antigua, 5.ª edición, Antigua Guatemala, 2014.

Cossich Vielman, Margarita, *Princesas Tlaxcaltecas, su palabra y su guerra. Material de lectura. 1521, un atado de vidas*, núm. 6, Universidad Nacional Autónoma de México, México, 2021.

De Acosta, Joseph, *Historia natural y moral de las Indias*, edición preparada por Edmundo O'Gorman, Fondo de Cultura Económica, Colección Conmemorativa 70 años, México, 2006.

De Alva Ixtlilxóchitl, Fernando, *Obras históricas*, tomo II, Edmundo O'Gorman (edición), Instituto de Investigaciones Históricas, Universidad Nacional Autónoma de México, México, 1985.

De Zurita, Alonso, *Relación de la Nueva España*, tomos I y II, Cien de México, Dirección General de Publicaciones, Consejo Nacional para la Cultura y las Artes, México, 2.ª edición, 2011.

Díaz Nava, María de Jesús, *Testimonios y ejecutoria de nobleza. De la familia Tlaxcalteca Sánchez Rodríguez Aquiahualcatertli Galicia y Castilla*, Universidad Iberoamericana, México, 2001.

Duverger, Christian, *Memorias de Hernán*, Grijalbo, Penguin Random House, México, 2023.

Fundación Valle de Panchoy, *La ruta de los escritores*, Cara Parens de la Universidad Rafael Landívar, Antigua Guatemala, 2025.

García, Carmen, *Pioneras. Mujeres en la conquista de América*, colección Biblioteca de Historia, Editorial Almuzara, España, 2021.

Gerard, R., «El vestuario de los conquistadores», en *Boletín del Archivo General de la Nación*, tomo XXVI, Secretaría de Gobernación, Dirección General de Información, México, 1955.

Gómez, Gabriel A., *Xicoténcatl Axayacatzin*, Ciudad de México, 1945.

Gonzalbo Aizpuru, Pilar, *Familia y orden colonial*, El Colegio de México, 1.ª reimpresión, México, 2005.

González y González, Luis, *Atraídos por la Nueva España*, El Colegio Nacional, Clío, México, 1995.

Gruzinski, Serge, *El destino truncado del Imperio azteca*, Biblioteca Ilustrada, Blume, Barcelona, 2011.

Guadarrama Collado, Sofía, *Todos los caminos llevan a Tenochtitlan*, tomo 1, Ediciones B, Penguin Random House, México, 2022.

Ibarra González, Ana Carolina y Pedro Marañón Hernández (editores), *1519. Los europeos en Mesoamérica*, Instituto de Investigaciones Históricas, Universidad Nacional Autónoma de México, México, 2021.

Itarregui, Gladys, *Las mujeres de la Conquista antes y después de Cortés*, Benemérita Universidad de Puebla, México, 2007.

Johansson K., Patrick, *Noche triste: la conquista como derrota*, México 500, Instituto de Investigaciones Históricas, Universidad Nacional Autónoma de México, México, 2021.

Landa de Pérez Cano, Concepción, *La mujer antes, durante y después de la Conquista*, V Centenario, Gobierno del Estado de Puebla, México, 1992.

León-Portilla, Miguel, «La guerra justa. La rebelión del Mixtón», en *Historia de los ejércitos mexicanos*, Instituto de Nacional de Estudios Históricos de las Revoluciones de México (Inehrm), México, 2015.

López Austin, Alfredo y Leonardo López Luján, *El pasado indígena*, El Colegio de México, Fideicomiso Historia de las Américas, Fondo de Cultura Económica, México, 2014.

López de Mariscal, Blanca, *La figura femenina en los narradores testigos de la Conquista*, El Colegio de México, Consejo Nacional para la Cultura de Nuevo León, 1.ª reimpresión, México, 2004.

Marant, Isabel (dirección), *Historia de las mujeres en España y América Latina. El mundo moderno*, vol. II, Cátedra, Madrid, 2005.

Meade de Ángulo, Mercedes, *Doña Luisa Teohquilhuastzin*, V Centenario, Gobierno del Estado de Puebla, México, 1992.

Moncayo Ramírez, Jonatan, *Xicoténcatl Axayacatzin, un guerrero indómito. Material de lectura núm. 7, 1521, un atado de vidas*, Universidad Nacional Autónoma de México, México, 2021.

Monroy Salazar, Melitón, *Los cuatro señoríos de la antigua República de Tlaxcala*, Tlaxcala, México, 1941.

__________, *Monografías Tlaxcaltecas*, Tlaxcala, México, 1941.

Nava Rodríguez, Luis, *Historia de Tlaxcala*, Talleres Gráficos del Estado de Tlaxcala, México, 1983.

Recinos, Adrián, *Pedro de Alvarado. Conquistador de México y Guatemala*, Fondo de Cultura Económica, México, 1952.

Rendón Garcini, Ricardo, *Historia breve de Tlaxcala*, Sección de Obras de Historia, Fideicomiso Historia de las Américas, El Colegio de México, Fondo de Cultura Económica, 3.ª edición, México, 2011.

Thomas, Hugh, *El Imperio español de Carlos V y la conquista de América*, Crítica, México, 2013.

__________, *La Conquista de México. Moctezuma, Cortés y la caída de un imperio*, Enrique Krauze (prólogo), Crítica, México, 2021.

Tovar de Teresa (prólogo), *Testimonios y ejecutoria de nobleza de la familia tlaxcalteca Sánchez Rodríguez Aquiahualcateutli Galicia y Castilla*, Patronato Económico y de Desarrollo, Universidad Iberoamericana, México, 2001.

Townsend, Camilla, *Malitzin. Una mujer indígena en la Conquista de México*, Era, 1.ª reimpresión, México, 2016.

Universidad Francisco Marroquin, *El Lienzo de Quauhquechollan. A Chronicle of Conquest*, Exploraciones sobre Historia, Guatemala, 2007.

Vargas Lugo, Elisa (introducción), *Imágenes de los naturales en el arte de la Nueva España, siglos* XVI *al* XVIII, Fomento Cultural Banamex, Instituto de Investigaciones Estéticas, Universidad Nacional Autónoma de México, México, 2005.

Vega, Carlos B., *Conquistadoras: mujeres heroicas de la Conquista de América*, McFarland & Company, Inc., Carolina del Norte, 2003.

Zorita, Alonso de, *Relación de la Nueva España I y II*, edición paleográfica, estudio preliminar e índice onomástico Ethelia Ruiz Medrano y José Mariano Leyva, Cien de México, Consejo Nacional para la Cultura y las Artes, 2.ª edición, México, 2011.

Zúñiga, Rosa María, *Las hijas de los conquistadores*, Instituto Colimense de las Mujeres, México, 2009.

Francisca Núñez de Carvajal

Antín, Felipe, *Vida y muerte de la Inquisición en México,* Posada, México, 1973.

Bokser Liwerant, Judit y Alicia Gojman de Backal (coordinadoras), *Encuentro y alteridad. Vida y cultura judía en América Latina,* Universidad Nacional Autónoma de México, Universidad Hebrea de Jerusalén, Asociación Mexicana de Amigos de la Universidad de Tel Aviv, Fondo de Cultura Económica, México, 1999.

Camba Ludlow, Úrsula, *Ecos de Nueva España. Los siglos perdidos en la historia de México,* Grijalbo, México, 2022.

_________, *Persecución y modorra. La inquisición en la Nueva España,* Turner, México, 2019.

De Ibáñez, Yolanda Mariel, *El Tribunal de la Inquisición en México (siglo XVI),* Instituto de Investigaciones Jurídicas, Universidad Nacional Autónoma de México, 1979.

Fernández, Martha, *Teatro de las maravillas. La vida en México durante la época virreinal,* Cátedra Universitaria núm. 5, Universidad Nacional Autónoma de México, México, 2018.

Galeana, Patricia, *Historia de las mujeres en México,* Instituto Nacional de Estudios Históricos de las Revoluciones de México (Inehrm), México, 2018.

García-Molina Riquelme, Antonio M., *La familia Carvajal y la Inquisición de México,* Instituto de Investigaciones Jurídicas, Universidad Nacional Autónoma de México, México, 2021.

Giles, Mary E., *Mujeres en la Inquisición. La persecución del Santo Oficio en España y el Nuevo Mundo,* Ediciones Martínez Roca, Barcelona, 2000.

Gojman Goldberg, Alicia, *Los conversos en Nueva España,* Universidad Nacional Autónoma de México, Escuela Nacional de Estudios Profesionales Acatlán, B'nai B'rith, México, 1994.

Gómez, R., «Nómina del Tribunal de la Inquisición de Nueva España 1571-1646», en *Boletín del Archivo General de la Nación,* tomo XXVI, núm. 1, Secretaría de Gobernación, México, 1955.

Greenleaf, Richard E., *La Inquisición en Nueva España. Siglo XVI,* Fondo de Cultura Económica, México, 1995.

La Inquisición en Nueva España. De vicios y virtudes, de hechizos y conspiraciones están hechos los hombres, Universidad Nacional Autónoma de México, Facultad de Medicina, Palacio de la Escuela de Medicina, México, 2013.

Riveros, Gabriela, *Olvidarás el fuego,* Lumen, Penguin Random House, México, 2022.

Rodríguez Delgado, Adriana (coordinadora), *Catálogo de mujeres del ramo Inquisición del Archivo General de la Nación,* Instituto Nacional de Antropología e Historia, Consejo Nacional para la Cultura y las Artes, México, 2000.

Rossel, Lauro E., *Iglesias y conventos coloniales de la Ciudad de México,* Patria, México, 1979.

Rubial García, Antonio, *Caminos sin fronteras. Gente en Nueva España al inicio de la era global,* Editorial Raíces, Academia Mexicana de la Historia, Universidad Iberoamericana, México, 2022.

Terrazas Williams, Danielle, *The Capital of Free Women. Race, Legitimacy, and Liberty in Colonial Mexico,* Yale University Press, New Haven y Londres, 2022.

Toribio Medina, José, *Historia del Santo Oficio de la Inquisición en México,* Cien de México. Consejo Nacional para la Cultura y las Artes, México, 2010.

Toro, Alfonso, *La familia Carvajal. Estudio histórico sobre los judíos y la Inquisición de la Nueva España en el siglo XVI, basado en documentos originales y en su mayor parte inéditos, que se conservan en el Archivo General de la Nación de la Ciudad de México,* vols. I y II, Patria, México, 1944.

Zamora Calvo, María Jesús (editora), *Mujeres quebradas. La Inquisición y su violencia hacia la heterodoxia en Nueva España*, Iberoamericana, Madrid, 1998.

Zamora, *Los horrores de la Inquisición*, Tip. Escuela de Artes, México, 1914.

Leona Vicario

Arriaga, Andrea, «Leona Vicario. Cartas a Genoveva», en *Heroínas de la Independencia de México*, colección Paseo de la Mujer Mexicana, Fundación México Monterrey 2010 A. C., Fondo Editorial de Nuevo León, 2022.

Brading, David, *El ocaso novohispano: testimonios documentales* (Antonio Saborit, traducción), Instituto Nacional de Antropología e Historia, Dirección General de Publicaciones del Consejo Nacional para la Cultura y las Artes, México, 1996.

Chinchilla Pawling, Perla, *Leona Vicario*, Instituto Nacional de Estudios Históricos de las Revoluciones de México, Serie de cuadernos conmemorativos, núm. 22, México, 1985.

De Humboldt, Alejandro, *Ensayo político sobre el reino de la Nueva España*, Instituto Cultural Helénico, Miguel Ángel Porrúa, edición facsimilar, México, 1985.

De la Torre Villar, Ernesto, «Introducción», en *Historia documental de México*, (Miguel León-Portilla, editor), vol. II, Universidad Nacional Autónoma de México, Instituto de Investigaciones Históricas, México, 2013.

_________, *Los «Guadalupes» y la Independencia. Con una selección de documentos inéditos*, Jus, México, 1966.

_________, «Origen y sentido americano del Congreso de Chilpancingo», en *El Primer Congreso de Anáhuac*, Instituto Nacional de Estudios Históricos de las Revoluciones de México (selección),

Secretaría de Educación Pública, Sociedad Mexicana de Geografía y Estadística, México, 2013.

Del Conde, Teresa, *Leona Vicario,* Secretaría de la Presidencia de la República, Departamento Editorial, México, 1976.

Del Palacio Montilla, Celia, «La participación femenina en la Independencia de México», en *Historia de las mujeres de México,* Patricia Galeana (presentación), Instituto Nacional de Estudios Históricos de las Revoluciones de México (Inehrm), Secretaría de Cultura, México, 2018.

__________, *Leona,* Suma de Letras, Santillana, México, 2010.

Galeana, Patricia, *Mujeres protagonistas de nuestra historia,* Instituto Nacional de Estudios Históricos de las Revoluciones de México (Inehrm), Secretaría de Cultura, México, 2018.

García, Genaro, *Leona Vicario: heroína insurgente* (edición de 1910), Innovación, México, versión de 1979.

Gonzalbo Aizpuru, Pilar, *Familia y orden colonial,* El Colegio de México, México, 1998.

González Gamio, Ángeles, *Las batallas de Leona,* Miguel Ángel Porrúa, México, 2021.

Guedea, Virginia, «Leona Vicario», en *Diccionario de la Independencia de México,* Alfredo Ávila, Virginia Guedea y Ana Carolina Ibarra (coordinadores), Instituto de Investigaciones Históricas, Universidad Nacional Autónoma de México, México, 2010.

Hernández, Alan Arturo (biografías), *Heroínas de la Independencia de México,* Paseo de la Mujer, Fundación México Monterrey 2010 A. C., Paseo de la Mujer Mexicana, Fondo Editorial de Nuevo León, 2022.

Huerta-Nava, Raquel, *Mujeres insurgentes,* Huellas de México, Consejo Nacional para la Cultura y las Artes, Penguin Random House, México, 2008.

Ladd, Doris M., *La nobleza mexicana en la época de la Independencia 1780-1826* (Marita Martínez del Río de Redo, traducción), Fondo de Cultura Económica, México, 1984.

Martínez Pichardo, José, *Leona Vicario. Grandeza de una mujer de su tiempo en la lucha por la Independencia,* Biblioteca Mexiquense del Bicentenario, Colección Mayor Estado de México: Patrimonio de un Pueblo, Gobierno del Estado de México, 2008.

Patiño Palafox, Luis Aarón, *Lucas Alamán y la formación del conservadurismo mexicano en la primera mitad del siglo* XIX, Universidad Autónoma de San Luis Potosí, Lambda, México, 2023.

Ramírez Rodríguez, Rodolfo, «La lucha por el agua. Andrés Quintana Roo contra el pueblo de Almoloya», en *Revista Relatos e Historias en México,* año XVI, núm. 186, abril 2024.

Rosas, Alejandro, *Leona Vicario.* Fondo de Cultura Económica, México, 2020.

Silva, Carlos e Isabel Revuelta Poo, *Cara o cruz: Miguel Hidalgo,* El Debate de la Historia (Alejandro Rosas, coordinador), Taurus, Penguin Random House, México, 2018.

Staples, Anne, «Vicario, Leona», en *Diccionario de la Independencia de México* (Alfredo Ávila, Virginia Guedea y Ana Carolina Ibarra, coordinadores), Comisión Universitaria para los Festejos del Bicentenario de la Independencia y del Centenario de la Revolución Mexicana, Universidad Nacional Autónoma de México, 2010.

__________, *¿Dónde estás?, ¿qué haces, Leona Vicario?,* La aventura de la vida cotidiana: historia-investigación, El Colegio de México, México, 2020.

Vázquez, Josefina Zoraida, «*De la Independencia a la* consolidación republicana», en *Nueva Historia Mínima de México,* Pablo Escalante Gonzalbo *et al.*, El Colegio de México, México, 2015.

Margarita Maza

Aguilar Castro, Alicia, *Primeras damas, las ausentes presentes,* Historias de Mujeres Mexicanas. Documentación y Estudios de Mujeres, México, 2006.

Galeana, Patricia, *La correspondencia entre Benito Juárez y Margarita Maza,* Secretaría de Cultura del Gobierno del Distrito Federal, Universidad Autónoma de la Ciudad de México, 2006.

__________, *Mujeres protagonistas de nuestra Historia,* Instituto Nacional de Estudios Históricos de las Revoluciones de México, Secretaría de Cultura, México, 2018.

__________, *Museo de la Mujer,* Universidad Nacional Autónoma de México, Federación Mexicana de Universitarias, México, 2012.

Dalton, Margarita (compiladora), *Oaxaca: Textos de su Historia II,* Gobierno del Estado de Oaxaca, Instituto de Investigaciones Dr. José María Luis Mora.

López Portillo de Tamayo, Martha, *Margarita Maza de Juárez,* Unión Nacional de Mujeres Mexicanas, Edición de la Casa de Cultura de Oaxaca, México, 1972.

Mendieta Alatorre, Ángeles, *Margarita Maza de Juárez. Epistolario, antología, iconografía y efemérides,* Comisión Nacional para la Conmemoración del Centenario del Fallecimiento de Benito Juárez, México, 1972.

Muñoz y Pérez, Daniel, *Don Benito Juárez y Doña Margarita Maza,* Año de Juárez, Secretaría de Hacienda, México, 1972.

Museo Nacional de Bellas Artes, *Rojo Mexicano. La grana cochinilla en el arte,* Secretaría de Cultura, Instituto Nacional de Bellas Artes, México, 2017.

Sánchez, Andrea, *De la correspondencia de Margarita Maza de Juárez,* Suplemento al Boletín de Investigaciones Bibliográficas 2, Universidad Nacional Autónoma de México, México 1976.

Sefchovich, Sara, *La suerte de la Consorte,* Océano, 29.ª edición, México, 2011.

Tuñón, Julia, *Mujeres. Entre la imagen y la acción,* Historia Ilustrada de México, Enrique Florescano (coordinador), Debate, Penguin Random House, Dirección General de Publicaciones, Consejo Nacional para la Cultura y las Artes, México, 2015.

Vázquez del Mercado, Angélica y Alejandro Rosas, *Cara o Cruz: Benito Juárez,* El Debate de la Historia, Taurus, Penguin Random House, México, 2019.

Zendejas, Adelina, *La mujer en la Intervención francesa,* Publicaciones Especiales del Primer Congreso Nacional de Historia para el Estudio de la Guerra de Intervención, Sociedad Mexicana de Geografía e Historia, México, 1962.

Zoraida Vázquez, Josefina, «De la independencia a la consolidación republicana», en *Nueva historia mínima de México,* El Colegio de México, México, 2015.

Digital

Ortiz-Arellano, Edgar. «Tumba-monumento a Benito Juárez: implicaciones iconográficas con la masonería mexicana». *Revista Eviterna,* (12), 105-112, 2022.

Carlota de Bélgica

Acevedo, Esther (coordinadora), *Entre la realidad y la ficción: vida y obra de Maximiliano,* Instituto Nacional de Antropología e Historia, México, 2012.

Conte Corti, Egon Caesar, *Maximiliano y Carlota* (presentación de Alfonso Reyes 1944), Promociones Editoriales Mexicanas, México, 1983.

__________, *Maximiliano y Carlota,* Fondo de Cultura Económica, México, México, 1993.

Cruz Barney, Oscar, «La obra legislativa del Segundo Imperio», en *Delirios Imperiales. Ecos de la Intervención Francesa en México (1862-1867),* Humberto Morales (coordinador), Historia, Dirección General de Publicaciones, Benemérita Universidad Autónoma de Puebla, México, 2022.

De Reinach Foussemagne, Hélène, *Carlota de Bélgica. Emperatriz de México,* Pierre de La Gorce (prefacio), Martha Zamora (traducción y edición), México, 2014.

De la Torre Villar, Ernesto, *La Intervención francesa y el triunfo de la República,* tomo I, Fondo de Cultura Económica, Vida y Pensamiento de México, México, 1968.

Del Paso, Fernando, *Noticias del Imperio,* Fondo de Cultura Económica, Letras Mexicanas, México, 2015.

Desternes, Suzanne y Henriette Chandet, *Maximiliano y Carlota,* Diana, México, 1968.

Iturriaga de la Fuente, José N., *Escritos mexicanos de Carlota de Bélgica,* Instituto Cultural de Morelos, México, 2012.

Kollonitz, Paula, *Un viaje a México en 1864,* Libros de México, 2019.

Mendoza Bustamante, Marco Antonio, *Maximiliano y Carlota. El sueño de un imperio imposible,* Panorama Historia, Producciones Sin Sentido Común, México, 2022.

Morales Moreno, Humberto, *Miguel Miramón. Militar y estratega en la Gran Década Nacional 1857-1867,* Las Ánimas, Puebla, 2022.

Ortiz, Orlando, *Diré adiós a los señores. Vida cotidiana en la época de Maximiliano y Carlota,* Fondo de Cultura Económica, Breviarios, México, 2020.

Pani, Erika, *Para mexicanizar el Segundo Imperio. El imaginario político de los imperialistas,* El Colegio de México, Centro de Estudios Históricos, Instituto Mora, México, 2001.

__________, *El Segundo Imperio: pasados de usos múltiples,* Centro de Investigaciones y Docencias Económicas, Fondo de Cultura Económica, México, 2004.

Pérez Rincón Gallardo, Gonzalo, *La leyenda negra de Maximiliano y Carlota,* Universal Editores, México, 2009.

Rady, Martyn, *The Habsburgs to Rule the World,* Basic Books, Hachette Book Company, Nueva York, 2019.

Ratz, Konrad, *Correspondencia inédita entre Maximiliano y Carlota,* Fondo de Cultura Económica, Sección obras de Historia, México, 2003.

__________, *Tras las Huellas de un Desconocido. Nuevos datos y aspectos de Maximiliano de Habsburgo* (prólogo de Patricia Galeana), Consejo Nacional para la Cultura y las Artes, Instituto Nacional de Antropología e Historia, Siglo XXI Editores, México, 2010.

__________ (editor), *El ocaso del imperio de Maximiliano visto por un diplomático prusiano. Los informes de Anton von Magnus a Otto von Bismarck 1866-1867,* Siglo XXI editores, México, 2011.

Revueltas, Eugenia, «Y el príncipe salió liberal, o de las imágenes desencantadas», en *Delirios imperiales. Ecos de la Intervención francesa en México (1862-1867),* Humberto Morales (coordinador), Historia, Dirección General de Publicaciones, Benemérita Universidad Autónoma de Puebla, México, 2022.

Taibo II, Paco Ignacio, *La gloria y el ensueño que forjó una Patria 2 (1859-1863). La Intervención francesa,* Planeta, México, 2017.

Tello Díaz, Carlos, *Maximiliano, emperador de México,* Debate, Penguin Random House, México, 2017.

Vázquez, Josefina Zoraida, «De la Independencia a la consolidación republicana», en *Nueva historia mínima de México,* El Colegio de México, México, 2015.

Vázquez Lozano, Gustavo, *60 años de Soledad. La vida de Carlota después del Imperio Mexicano (1867-1927)*, DeBolsillo, Penguin Random House, México, 2024.

Digital

Documental Clío, 2004. YouTube.

Juana Catarina Romero

Artes de México, *El viajero europeo del siglo xix*, Revista Libro, núm. 31, Artes de México y del Mundo, S. A. de C. V., México, 1996.

Brasseur, Charles, *Viaje por el istmo de Tehuantepec 1859-1860* (prólogo de Elisa Ramírez Castañeda), Dirección General de Publicaciones y Bibliotecas Secretaría de Educación Pública, Fondo de Cultura Económica, México, 1981.

Chassen-López, Francie, *Mujer y poder en el siglo xix. La vida extraordinaria de Juana Catarina Romero, cacica de Tehuantepec*, Taurus, Penguin Random House, México, 2020.

Córdova Aguilar, María Cristina y Tatiana Pérez Ramírez (coordinadoras), *Oaxaca: espacios, sociedad y arte en transformación, siglos xvi al xx*, Tinta Indeleble, Archivo General del Estado de Oaxaca, Universidad Autónoma «Benito Juárez» de Oaxaca, México, 2021.

Cruz Mendoza, Eufrosina, *Los sueños de la niña de la montaña*, Grijalbo, Penguin Random House, México, 2023.

Dalton Palomo, Margarita, (compiladora), *Oaxaca. Textos de su Historia III*, Instituto de Investigaciones Dr. José María Luis Mora, Gobierno del Estado de Oaxaca, México, 1990.

_________, *Mujeres: género e identidad en el Istmo de Tehuantepec, Oaxaca,* Publicaciones de la Casa Chata, Centro de Investigaciones y Estudios Superiores en Antropología Social, México, 2010.

Diccionario Histórico y Biográfico de la Revolución Mexicana, tomo V, Instituto Nacional de Estudios Históricos de la Revolución Mexicana-Secretaría de Gobernación, México, 1992.

García Díaz, Manuel, *Oaxaca: El sabor de la vida,* Punta Cometa Ediciones Culturales, Oaxaca, México, 2014.

Gay, José Antonio, *Historia de Oaxaca,* tomo II, Imprenta del Comercio de Dublán y Compañía, México, 1881.

Iturribarrí, Jorge Fernando, *Historia de Oaxaca, 1821-1854. De la Consumación de la Independencia a la Iniciación de la Reforma,* Ramírez Belmar Impresor, Imprenta del Gobierno de Oaxaca, 1935.

Krauze, Enrique, *Porfirio Díaz. Místico de la autoridad,* Biografía del Poder, Fondo de Cultura Económica, México, 1992.

Loaeza, Guadalupe, *Oaxaca de mis amores,* Aguilar, México, 2014.

Magaña Santiago, María de los Ángeles, «La mujer istmeña. Fuerza y majestuosidad indígena», en *Revista Relatos e Historias en México,* año X, núm. 113, México, enero 2018.

Monroy Nasr, Rebeca, *Reseña* de Leticia Reina Aoyama, *Historia del istmo de Tehuantepec. Dinámica del cambio sociocultural, siglo* XIX, Instituto Nacional de Antropología e Historia, México, 2013.

Museo del Palacio de Bellas Artes, *Rojo mexicano. La grana cochinilla en el arte,* Instituto Nacional de Bellas Artes, Secretaría de Cultura, México, 2017.

Olivera Villalobos, Antonio, *Juana Cata: la confidente de Porfirio Díaz* (editor no identificado), México, 2014.

Payno, Manuel, *Cuestión de Tehuantepec,* Classic Reprint Series, Forgotten Books, Londres, Reino Unido, 2018.

Reina Aoyama, Leticia, *Los albores de la modernidad: el ferrocarril de Tehuantepec,* Centro de Investigaciones Históricas, Instituto

de Investigaciones Humanísticas, Universidad Veracruzana, México, 1990.

_________, *Historia del Istmo de Tehuantepec. Dinámica del cambio sociocultural, siglo XIX*, Secretaría de Cultura, Instituto Nacional de Antropología e Historia, México, 2019.

Romero Frizzi, María de los Ángeles *et al.*, *Oaxaca. Historia Breve*, El Colegio de México, Fondo de Cultura Económica, México, 2011.

Rosas, Alejandro, *99 Pasiones en la historia de México*, Mr Ediciones, Planeta, México, 2012.

Sefchovich, Sara, *La suerte de la consorte. Las esposas de los gobernantes de México*, Océano, México, 2011.

Tello Díaz, Carlos, *Porfirio Díaz. Su vida y su tiempo. La guerra, 1930-1867*, Consejo Nacional para la Cultura y las Artes, Debate, Penguin Random House, México, 2017.

_________, *Porfirio Díaz. Su vida y su tiempo. La ambición, 1867-1884*, DeBolsillo, Penguin Random House, México, 2023.

Leonora Carrington

Andrade, Lourdes, *Leonora Carrington. Historia en dos tiempos*, Círculo de Artes, Consejo Nacional para la Cultura y las Artes, Dirección General de Publicaciones, México, 1998.

Catálogo exposición *Laboratorio de sueños. La diáspora del surrealismo en México*, Galería Pablo Goebel Fine Arts, Ciudad de México, del 23 de septiembre al 18 de diciembre de 2014.

Catálogo exposición *Leonora Carrington. La vocación y sus reflejos*, Museo de la Secretaría de Hacienda y Crédito Público, Antiguo Palacio del Arzobispado, México, del 13 de noviembre de 2003 al 1.° de febrero de 2004.

Carrington, Leonora, *Cuentos completos,* Kathryn Davis (introducción) y Una Pérez Ruiz (traducción), Tezontle, Fondo de Cultura Económica, México, 2020.

Chadwick, Whitney, *Leonora Carrington. La realidad de la imaginación,* Consejo Nacional para la Cultura y las Artes, Dirección General de Publicaciones-Era, México, 1994.

Cherem Sacal, Silvia, *Trazos y revelaciones. Entrevistas a diez artistas mexicanos,* Fondo de Cultura Económica, México, 2003.

Fruns, María Luisa, *Leonora Carrington en España.* Turner, España, 2023.

Gallegos Hernández, Carlos Osbert, *Remedios Varo y Leonora Carrington. Dos visiones del surrealismo en México: 1943- 1963,* tesis para obtener el título de Licenciado en Historia, Universidad de Guadalajara, México, 2010.

«Historia de Mujeres. Artistas en México del siglo xx», Museo de Arte Contemporáneo de Monterrey, Cemex, México, 2008.

Leduc, Renato, *XV Fabulillas de animales, niños y espantos,* Viñetas de Leonora Carrington, José Luis Martínez (editor), Vaso Roto Ediciones, colección Abstracta, Madrid, 2018.

Lozano Fuentes, José Manuel, *Historia del arte,* Compañía Editorial Continental, México, 1995.

McAra, Catriona, *The Medium of Leonora Carrington. A Feminist Haunting in the Contemporary Arts,* Manchester University Press, Oxford, United Kingdom, 2022.

Mack, John (fotografía), Susanne Steines (ensayo y entrevistas) y Teresa del Conde (prólogo), *Revelando México,* Lunwerg Editores, Melcher Media, Barcelona - Madrid - México, 2010.

Moorhead, Joanna, *The Surreal Life of Leonora Carrington,* Virago Press, Hachette, London, 2019.

Poniatowska Amor, Elena, *Leonora,* Seix Barral/Biblioteca Elena Poniatowska, Planeta, México, 2024.

Rafols, J. F., *Historia del Arte,* Óptima, edición ilustrada, Barcelona, 2001.

Weisz, Gabriel, *El cuadro invisible. Mi memoria de Leonora,* Gráfica Bordes, México, 2018.

Young, Cynthia (editora), *La Maleta Mexicana. Las fotografías redescubiertas de la Guerra Civil Española de Capa, Chim y Taro,* International Center of Photography, La Fábrica Editorial, Madrid, 2010.

Digital

Documental TVUNAM. *Invocación surrealista.* México, 2008.

Entrevista con Cristina Pacheco. *Conversando con Once TV.* México, 2000.

http://leonoracarrington.com.mx

Agradecimientos

Isabel Revuelta Poo

◇◆◇

A mi querida Karina Macias, por tu paciencia,
confianza, amistad y cercanía.
Sin tus coordenadas, este barco no habría llegado
a buen puerto. Eres la mejor editora.

◇◆◇

A Gabriel Sandoval, por hacer posible
que estas nuevas *Hijas de la historia* vean la luz.
Gracias infinitas, querido.

◇◆◇

A Clarissa Luna, por tu amable y generosa guía
en momentos de angustia y definición.

◇◆◇

A Ketzalzin Almanza, por las lecturas y consejos
finales. Un placer coincidir.

◇◆◇

A todos mis amigos y familiares que,
por la soledad de mi escritura, no dejaron ni
un momento de buscar mi compañía.
Compartir con ustedes este trabajo es un honor.
Ustedes saben quiénes son.

◇◆◇